LOS EGIPCIOS

HISTORIA • SOCIEDAD

Renzo Rossi

...iones de: Sergio

EDITEX

DoGi

Es una realización de DoGi spa, Florencia,
Italia.

Título original:
  Gli Egizi
Textos: Renzo Rossi
Ilustraciones: Sergio
Editor: Francesco Milo
Proyecto gráfico: Sebastiano Ranchetti
Maquetación: Katherine Carson Forden,
  Sebastiano Ranchetti
Documentalista: Katherine Carson Forden
Traducción: Cálamo & Cran

*Para la edición en España y países de
lengua española:*

© **Editorial Editex, S. A.**
  Rafael Calvo, 18. 28010 - Madrid
  I.S.B.N.: 84 - 7131 - 900 - 4
  Número de Código Editex: 9004
  Impreso en Italia - Printed in Italy

Sumario

EL DESCUBRIMIENTO DEL PASADO

El Egipto de los faraones, con sus tres mil años de historia, sus colosos de piedra, su original culto a los muertos, su estabilidad política, su compleja organización de la sociedad, ha fascinado a arqueólogos, aventureros y viajeros de todas las épocas.

En el siglo XX es el cine el que celebra las riquezas del Antiguo Egipto. Desde los años treinta hasta ahora, las momias, las pirámides y sus misterios son protagonistas de muchísimas películas. Aparte de ser objeto de atención por los estudiosos, la civilización egipcia es también el argumento de variadas publicaciones divulgativas y sirve como trasfondo histórico para una extensísima literatura, en ocasiones de gran éxito. Todo esto constituye lo que ha venido a denominarse egiptomanía: una moda comenzada con los antiguos romanos, cuyos emperadores hicieron transportar desde Egipto los antiguos obeliscos. Una contribución esencial al conocimiento de aquella remota y

EGIPTO SEDUCE
En los últimos diez años millones de personas lo han visitado. Hay cerca de ciento cincuenta colecciones egipcias de gran relieve en todo el mundo. La moderna egiptología científica constituye materia de estudio en la universidad y la egiptomanía se difunde cada vez más, tanto en el cine como en la literatura.

lejana civilización la aportaron arqueólogos e historiadores, los egiptólogos, a comienzos del siglo XVIII. En 1799, coincidiendo con la expedición de Napoleón a Egipto (1798-1799), fue encontrada en Rosetta, cerca de Alejandría, una estela con una larga inscripción en tres idiomas, entre ellos el griego. El interés y la curiosidad por el descubrimiento son enormes: desde aquel momento es posible de hecho descifrar la escritura jeroglífica de los antiguos egipcios. Renace así un mundo que en la práctica había desaparecido en el siglo IV d.C.

Cuando, en el 391, el emperador romano Teodosio había decretado la clausura de todos los templos no cristianos del Imperio, la escritura egipcia jeroglífica, todavía

en uso en Egipto entre los seguidores de algunos cultos religiosos, fue rápidamente marginada, y poco a poco dejó de ser comprendida. Por eso sólo se conservaban las descripciones de Egipto que habían transmitido historiadores y viajeros de la edad clásica. El historiador Herodoto dejó una relación de su viaje a Egipto, realizado alrededor del 450 a.C. Esta fue continuada por otras narraciones: cabe recordar como ejemplo la de Estrabón, ciudadano romano, que narró en griego su viaje, efectuado en el año 30 d.C., a un Egipto entonces dominado por los romanos; aquella de Plutarco, historiador griego que vivió entre los años 46 y 125 d.C., que nos ha dejado noticia de uno de los cultos más conocidos del antiguo Egipto, el referido a Isis y a Osiris. Por lo tanto, en la antigüedad se describe y se visita Egipto. Después, desde el siglo IV d.C., Egipto cae en el olvido. Con la llegada de los árabes, en el 641, Egipto se islamiza: es difícil para los europeos visitarlo y, por tanto, las inscripciones jeroglíficas de sus monumentos no podrán ser entendidas. Los viajeros de la Baja Edad Media (siglos XI-XV) y del Renacimiento (XVI) se introducen como mucho en la zona más próxima al Mediterráneo que, aun así, no es para ellos sino una etapa hacia los lugares de

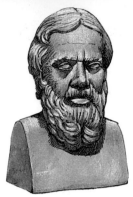

El padre de la Historia
El griego Herodoto (485-425 a.C.) fue uno de los primeros viajeros del mundo clásico en describir Egipto. Su narración es fascinante pero poco objetiva, porque se basa en tradiciones transmitidas por los sacerdotes y, en ocasiones, en fábulas fantasiosas de los guías turísticos de la época.

Un descubrimiento fundamental
En 1799, durante la campaña de Napoleón a Egipto, los soldados franceses descubrieron la piedra conocida como Rosetta.

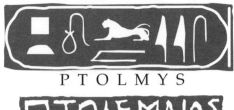

PTOLMYS

PTOLEMAIOS

A partir de una comparación

Partiendo de la forma griega del nombre Ptolomeo, Champollion identifica la forma jeroglífica, de la que parte para especificar la llave de lectura de la misteriosa escritura egipcia.

La Piedra de Rosetta

Reproduce un decreto de Ptolomeo V del 196 a.C., tallado en tres escrituras: jeroglífica, demótica y griega. La última era totalmente conocida y sirvió como comparación para el desciframiento de los jeroglíficos.

peregrinaje en Palestina. Se le presta entonces una cierta atención, ya que de Egipto se habla en la Biblia (en el Antiguo Testamento), uniendo su historia a la de los hebreos de finales del segundo milenio a. C.

En los siglos XVII y XVIII fueron sobre todo misioneros católicos los que se trasladaron a Egipto (y lo narraron). No faltaron tampoco viajeros como el barón francés Vivant Denon (1745- 1825), que visita el país siguiendo la campaña de Napoleón. El barón regresará a su patria con multitud de obras egipcias y elaborará un tratado con ilustraciones, cuya difusión será un éxito en toda Europa, contribuyendo a la naciente pasión por Egipto. Esto se concreta en una obra monumental, *Descripción de Egipto*, publicada en Francia en 1813 en veinticuatro volúmenes.

En 1822 el francés Jean-François Champollion (1790-1823) descifra la escritura jeroglífica, con lo que la egiptología (o ciencia de Egipto) se asienta definitivamente.

Desde entonces, Egipto es estudiado, pero también saqueado. Bellísimas obras se llevan a Europa para ser examinadas y expuestas en los museos más importantes. El francés Auguste Mariette (1821-1881) consigue poner freno a la fuga de obras y, promoviendo campañas de búsqueda y excavación, funda en El Cairo un museo enteramente dedicado a Egipto.

En 1922, el descubrimiento de la tumba del faraón Tutankhamon por parte de los ingleses Howard Carter y Lord George Carnavon es, sin duda, uno de los hallazgos más famosos y fascinantes de la arqueología del siglo XX.

Los orígenes

Las peculiaridades de la civilización egipcia aparecen ya a finales del IV milenio a.C. La lengua, la escritura y la religión se van formando y se fijan en un largo período de tiempo. El punto de partida es entonces África, en una edad remota de la humanidad.

Los pueblos que se apropiaron —como veremos— del valle del Nilo y dieron vida a la civilización egipcia pertenecían a una etnia norteafricana con la cual se fueron mezclando poblaciones procedentes de Asia.

Al final de la última glaciación, hace unos 9 000 u 8 000 años, el centro de África del Norte tenía un aspecto muy diferente al actual. Donde hoy se extiende el desierto del Sahara se hallaba una inmensa y fértil sabana. Ríos y lagos favorecían la presencia de plantas (palmeras, pinos, olivos), y animales (cocodrilos, hipopótamos, antílopes y una numerosa variedad de peces), de lo que dan testimonio muchas pinturas rupestres; un lugar ideal para el asentamiento humano.

Después de la glaciación, sobre todo en el hemisferio boreal, hubo un breve período de lluvias, pero pronto comenzaron a escasear. Se producirá así una decisiva transformación: los hombres pasaron de ser ganaderos y campesinos a ser cazadores y recolectores. Cuando, hacia la mitad del IV milenio, el período húmedo comenzó a extinguirse definitivamente, África del

En el X-IX milenio
En el «Sahara verde», poblaciones negroides vivían de la caza de grandes animales, de la pesca y de la recolección.

Mitad del IV milenio
El Sahara es ya casi totalmente árido.

Quedan pocas zonas húmedas donde permanecen grupos de ganaderos.

Finales del IV milenio
El Sahara es ahora un desierto imposible

para la vida humana. Su población se traslada a la llanura aluvial del Nilo.

Primeras culturas
Vaso doble de cerámica pintada del período denominado Naquada I.

norte se desertizó y su población se desplazó al valle aluvial del Nilo y a zonas de depresión como Al-Faiyum, que retenía las aguas de las periódicas inundaciones del río.

Los primeros habitantes

La conquista agraria del valle del Nilo requirió del esfuerzo conjunto de una comunidad más numerosa y más organizada que la de los grupos humanos iniciales.

Bajo la autoridad del agrupamiento agrícola más importante, se constituyeron pequeñas comunidades políticas y se afirmó poco a poco la autoridad de un jefe que preludió la figura del rey. La palabra y la memoria no bastaban para recoger y transmitir la información necesaria para la organización del grupo, por lo cual los conceptos fueron fijados con signos visibles mediante la técnica de la escritura. En el valle se desarrollaron las primeras culturas: Naquada I (4000-3500), con asentamientos en el Alto Egipto, y Naquada II (3500-3000), que se extendía hasta el Delta.

La unificación de los dos reinos

Vivir junto al Nilo requería de un constante trabajo colectivo, imposible sin un poder central que regulase y protegiese la vida asociativa del territorio y que mediase con la divinidad a la que todos se debían. Se formaron así las bases de la civilización faraónica, cuyo inicio es todavía oscuro. Las primeras unidades territoriales se enfrentaron entre sí en guerras de conquista. Se realizaron anexiones y se ampliaron territorios cada vez más extensos hasta que, entorno al 3200 a.C., durante lo que

Tablilla de Narmer
En esta tablilla votiva está representada la unificación del Alto y del Bajo Egipto.

Cabeza de un prisionero con seis papiros, símbolo del Bajo Egipto.

Narmer, vistiendo la corona blanca, abate a su enemigo.

Uno de sus altos funcionarios ofrece al rey las sandalias.

Las tres coronas
La corona blanca o mitra del Sur y la corona roja, del Norte, reunidas por Narmer en la doble corona simbolizan la unidad de Egipto.

Piedra del Rey Serpiente
Documento de la I dinastía que muestra al dios halcón Horus sobre un recuadro que indica el nombre del rey, representado por la serpiente, y la fachada (*serekh*) del palacio real.

Bastón del Rey Escorpión
El rey, que viste la corona blanca, lleva en la mano una azada para abrir ritualmente un canal. Enfrente, un portador de tierra con el cesto.

se define como período predinástico, Egipto resultó dividido en dos únicos estados: uno comprendía el Delta interior (Bajo Egipto o Egipto del norte); el otro, todo el valle más al sur (Alto Egipto). El proceso de unificación se realizó hacia el 3000 a.C., cuando el rey del Alto Egipto, que la tradición llama Menes y las fuentes arqueológicas Narmer, conquistó el Delta. Él inauguró la primera de las treinta dinastías que gobernaron hasta la época de Alejandro Magno, en el siglo IV a.C. Alcanzada la unidad, los soberanos de la época arcaica (período protodinástico: I y II dinastía) tramaron restituir en el país el orden y la justicia, personificadas por la diosa Maat. Llegar a Maat (paz, sabiduría, verdad, ciencia, armonía) era la «Ley» que movía toda acción del faraón, y en su conexión permanente con Maat se basaba el equilibrio del Antiguo Egipto.

EL PAÍS DEL NILO

En Egipto las lluvias son muy escasas. El Nilo, con sus inundaciones, ofrece una gran oportunidad. Pero sólo el esfuerzo del trabajo y la eficacia de su organización permiten una rica actividad agrícola que constituye la base de la civilización egipcia.

El río recibe en Jartum, en el Sudán, las aguas del Nilo Blanco, que proceden de los grandes lagos ecuatoriales, y las del Nilo Azul, que recoge la lluvia caída en el lejano altiplano etíope. Su aportación ha determinado, hasta el siglo XIX, la crecida periódica y la inundación. Después de recibir al Atbara, el Nilo forma un gran meandro en la árida estepa de Nubia y, con una serie de cataratas, la última cerca del monte Asuán, se introduce en su largo y angosto valle, en el desierto, donde discurre perezoso hacia el Mediterráneo. En todo el recorrido no recibe ningún otro afluente. En cambio, tiene un defluente: el Bahr Yussuf («Río de José»), que junto a Assiut se destaca de la gran corriente para proseguir paralela a esta, a la izquierda, hasta la depresión de Al-Faiyum, donde se derrama y muere. Al norte de El Cairo comienza el Delta, limitado al oeste por el ramal de Rosetta y al este por el de Damieta.

Ayer como hoy
El río, los palmerales y los campos, la necrópolis, el pueblo y, al fondo, el desierto: los elementos del Egipto de siempre.

Longitud
Desde su fuente
al Delta, el río
recorre 6 600 Km,
de los cuales 1 200
los hace por
territorio egipcio.

Amplitud
Más estrecho
y encorsetado
en la región nubia,
el Nilo tiene una
anchura media
de 900 m en el valle
egipcio.

Delta
Tiene la forma
de un triángulo
equilátero de 190
kilómetros de lado.
Los ramales
principales son cinco.

Cauce
Se ha elevado de 10
a 15 centímetros
cada siglo.

Clima
Es árido, con fuertes
inversiones térmicas
en el año y hasta
en un mismo día.
Asuán es uno
de los puntos
de la tierra
que han registrado
las máximas
temperaturas.

Cataratas
Son como escalinatas
en el lecho del río.
El Nilo tenía seis
grandes cataratas
y otras menores.

Crecida
El nivel del río sube
7 metros en Asuán
y 4 en El Cairo.

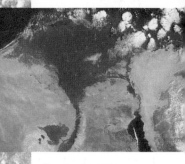

Desde el satélite
El Delta del Nilo ha sido
comparado a una flor de loto.
Al-Faiyum es la hoja
que se alarga desde el tallo.
La imagen es evidente
desde la toma del satélite.

Buena tierra
Campos cultivados en la zona
más fértil del valle,
la que corresponde a la orilla
del Nilo.

El desierto
Un terreno amplio y abierto,
el desierto libio, interrumpido
por el verde de un oasis.

HIMNO AL NILO
Así comienza un himno
del *Textos de las Pirámides*:
«He aquí el agua de la vida
que se halla en el cielo;
he aquí el agua de la vida
que está en la tierra.
El cielo resplandece por ti,
la tierra tiembla por ti.
El dios se manifiesta;
el dios se expande en su cuerpo».

MÁS ALLÁ DE EGIPTO
El Oriente fue llamado
por los egipcios Khast
«país montañoso»,
y con este término
fueron denominados
todos los países
extranjeros.

Avaris

Menfis

Sais

Alejandría

Bajo Egipto
En relación
al curso de la
corriente del Nilo,
los egipcios
llamaron Bajo Egipto
a las tierras del
Delta hasta Menfis.

EL NOMBRE DE LA REGIÓN
El término Egipto, derivado
del griego, es reciente.
Los egipcios llamaron a su patria
Kemet, «la negra», por el color
de la tierra cultivable.

La «Tierra Negra» y la «Tierra Roja»

El Valle y el Delta del Nilo forman una zona llana de 34 000 kilómetros cuadrados (algo menos que la superficie de Bélgica), que los antiguos egipcios llamaron la «Tierra Negra» (Kemi), por el color del suelo, residuo oscuro del limo depositado por la creci-da y al cual debe la región su extraordinaria fecundidad. El Delta es una fértil y bellísima llanura en forma de triángulo; lo surcan numerosas ramificaciones que fluyen hacia la costa baja y uniforme del Mediterráneo.

Al sur del Delta se abre una larga lengua de tierra, de una extensión de alrededor de 20 kilómetros en el tramo de

EL MAR
Secundario, al menos durante muchos siglos, el mar, (Mar Rojo y Mediterráneo) fue denominado por los egipcios como «el gran verde».

Thinis

Tebas

Alto Egipto
Era el auténtico valle, comprendido entre Menfis y la primera catarata junto a Asuán.

Primera catarata
Abu Simbel

Las capitales
Capitales del antiguo Egipto fueron, en distintos períodos, Thinis, (al inicio del Imperio Antiguo), Menfis (Imperio Antiguo), Tebas (Imperio Medio y Nuevo), Avaris (bajo los Hicsos), Sais (en época tardía), Alejandría (fundada y de inmediato convertida en capital en época posterior al Egipto faraónico).

680 que separa la ciudad de El Cairo (Menfis) de Luxor (Tebas), y apenas de 5 kilómetros en el tramo de 220, entre Luxor y Asuán.

Las pendientes de los altiplanos que delimitan el valle se alzan bruscamente hasta una altura de 150-200 metros.

Más allá de esta zona se extiende la «Tierra Roja» del desierto libio y arábigo. El primero, en occidente, es fundamentalmente llano y abierto, con una serie de oasis situados, más o menos, en paralelo al curso del Nilo; el segundo es un tórrido altiplano recorrido por profundos cauces de antiguos ríos hoy secos (*uadi*), donde la vida tiene poquísimas posibilidades para desarrollarse. Sin embargo, la zona es rica en recursos: yacimientos de oro, cobre, estaño y piedras preciosas.

«Don del Nilo»

El país sería un desierto, una «Tierra Roja», si el Nilo no lo convirtiese en un vastísimo oasis rodeado por territorios «vacíos».
Gracias al gran río, la actividad agrícola en Egipto conservó siempre una preeminencia absoluta, y el valle aparecía como una gigantesca granja. De hecho las economías de los dos Egiptos se complementaban, ya que a sus habitantes les convenía organizarse en una única y más amplia comunidad, extendida desde Asuán hasta el Mediterráneo, tanto para el mejor aprovechamiento de las crecidas, con obras hidráulicas, como para, con mayores recursos alimenticios, prever de un año a otro la carestía del agua, y que así fuese más fácil afrontar situaciones de emergencia. Además, ciertas materias primas presentes en el Norte servían también al Sur y viceversa.
Todo el país era rico en flora espontánea (el papiro, el nenúfar, la caña y la acacia). Además, el hombre cultivaba con gran provecho el trigo sorgo, la cebada, el lino, la vid y muchas hortalizas. La numerosa fauna también dependía del Nilo. No sólo el hipopótamo y el cocodrilo, sino también los antílopes y las gacelas, las aves acuáticas (pavos, garzas, grullas) y una numerosa variedad de peces.
De ahí que el historiador griego Herodoto definiera acertadamente a Egipto como «don del Nilo». De hecho,

EL PAÍS
DE LA ABUNDANCIA
El trabajo de los hombres, que honra a los dioses y que, gracias al Nilo, hace productiva la tierra. Pintado en una pared de la tumba de Sennedjem, intendente de la necrópolis (el lugar destinado a la sepultura de los difuntos) tebana. (1300 a. C.)

nada de esto hubiera sido posible sin las grandes inundaciones, que los benévolos dioses conceden al país con la regularidad de un prodigio natural.

Las inundaciones

Cuando, alrededor del 19 de julio, la estrella Sothis o Sirio aparecía sobre el horizonte oriental, los campesinos egipcios sabían que la gran crecida anual del Nilo estaba próxima, y aguardaban la inundación con esperanza. Por tanto, no se trataba de una calamidad, sino de una bendición

La hacienda egipcia

Dado que, especialmente durante la cosecha, la población local era insuficiente para realizar todo el trabajo, se formaban cuadrillas de campesinos que, trasladándose desde el Sur (donde el trigo maduraba antes) al Norte, aportaban a las villas la mano de obra necesaria.

Escasez de árboles

En Egipto faltaban árboles de tallo alto, adecuados para la producción de leña. También faltaba el olivo, de ahí que como aceite se utilizara la planta de ricino. Se trataban con gran cuidado las abundantes palmeras, cuyas grandes hojas eran usadas como esteras, y las palmeras de dátiles, los algarrobos, las higueras, los tamariscos y los sicómoros.

divina, ya que, anegando las tierras circundantes, el buen dios Apis (representación del río) depositaba un fango rico en sustancias fertilizantes, el limo, portador de vida y prosperidad.

Pero el temor de los campesinos concernía al caudal de la crecida: si las aguas se desbordaban con violencia, rompían los diques y destruían los campos; si la inundación era escasa, la se-

quía condenaba a la población al hambre. Por lo tanto, era necesario controlar y prevenir las crecidas con la construcción de diques adecuados y canales que recogiesen el agua con la que regar los campos durante todo el año. Alrededor de un mes después, cuando el suelo estaba ya saturado, se hacía fluir el agua a esclusas de un nivel inferior y, finalmente, se devolvía de nuevo al Nilo. Una eficiente red de canales alcanzaba

La mano de obra
Cuadrillas de campesinos se ponían a disposición de los ingenieros hidráulicos del Estado, que dirigían la planificación de las obras de irrigación.

Estanque artificial
Para retener el agua de la inmediata inundación se construía un gran dique cuadrado provisto de compuertas. Cuando el estanque estaba lleno, el limo depositado sobre el terreno tapiado se volvía fértil.

El nilómetro
Largos conductos
hacen llegar las aguas
del Nilo
a los nilómetros,
pozos
en los que marcas
o escalones señalan
el caudal
de la crecida del río.

Las obras de canalización
El Estado se ocupa
de la planificación
y de la dirección
de los trabajos,
prefiriendo extender
las zonas cultivables
antes que introducir
nuevos cultivos.

Los canales
Para hacer fluir
libremente el agua
de la crecida es necesario
mantener despejados
los canales de detritos.

los terrenos distantes del río y donde el agua de la crecida no había conseguido llegar.

Las tres estaciones

La coincidencia entre el período en que la luz blanquiazul de Sirio se hacía visible y el inicio de las inundaciones fue establecida en época muy antigua. Sigue siendo curioso cómo los egipcios, que supieron observar los ritmos regulares de las crecidas, no ofrecieron nunca una explicación convincente de su causa. Se limitaron a aceptar una interpretación mitológica del fenómeno, según la cual la estrella de Sirio era una manifestación de la diosa Isis que provocaba las crecidas con sus lágrimas, vertidas por su marido Osiris, creador de la agricultura y asesinado por su hermano Seth.

Con la llegada de las inundaciones se iniciaba para los egipcios el año nuevo, dividido en tres estaciones de cuatro meses, todas relacionadas con el comportamiento del río: Akhet, la inundación; Peret, la salida, es decir, la bajada de las aguas; Shemu, la seca, el período de sequía.

La vida de los campos: Akhet

La estación de Akhet se alargaba desde el 19 de julio hasta entrado el otoño. Durante la inundación, el trabajo en los campos se paraba, pero los campesinos no permanecían ociosos: había que tener

El dios Apis
Personificación del Nilo, representado a menudo con forma de toro, porta vasos de agua y flores y, por tanto, prosperidad para la tierra de Egipto.

Akhet
Inundación (parón), desde el 19 de julio hasta mediados de noviembre.

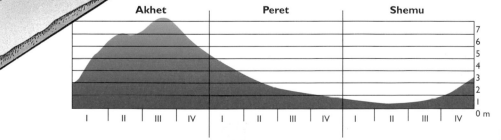

Shemu
Sequía, de mediados
de marzo
al 19 de julio.

Peret
Salida (siembra),
de mediados
de noviembre
a mediados de marzo.

El régimen del Nilo
El Nilo alcanza
la máxima crecida,
que puede superar
incluso los siete metros,
en el tercer mes
de Akhet, para volver
a valores normales
durante el segundo
mes de Shemu.

Akhet | Peret | Shemu

I II III IV | I II III IV | I II III IV

7
6
5
4
3
2
1
0 m

despejados y limpios de detritos los canales y los fosos, reforzar y, eventualmente, ampliar los estanques de recogida, y reparar o sustituir las compuertas. Además, estos trabajos eran obligaciones que todo campesino tenía contraídas con el Estado. Después, cuando los terrenos cultivables estaban completamente anegados y el ganado se había puesto a seguro en lugares más elevados, muchos ejercicios de pescadores y cazadores.

De hecho, las inundaciones creaban zonas de agua estancada rica en material orgánico, donde abundaba la pesca, mientras que numerosas aves acuáticas anidaban a lo largo de la orilla.

Barcas de papiro

Manejables y ligeras, eran empleadas para la pesca y la caza con arpón, incluso contra grandes presas como el hipopótamo.

Caza en el cañaveral

Se practica con la red y con trampas para las aves, pero también con el arco y palos para lanzar una especie de bumerán de madera pesada.

Redes y nasas

Las embarcaciones arrastraban las redes en las aguas menos profundas, sujetadas a fuerza de brazos por una cuadrilla de pescadores. Las nasas no requerían un trabajo colectivo pero sólo permitían capturar unos pocos peces cada vez.

En la aldea
Las mujeres preparan
la despensa: salan la caza
y secan el pescado.

La manutención
La labor de reparación
de las redes, arpones y
anzuelos ocupaba
a los hombres más
viejos y débiles.

CAZA Y PESCA EN EL NILO
La abundancia de peces en el río,
y de hipopótamos, aves migratorias
y mangostas en el cañaveral
permitía cazar y pescar como
en un vivero.

Peret

Cuando, a mitad del mes de noviembre, las aguas del Nilo se retiraban progresivamente después de la inundación, comenzaba la estación de Peret, que correspondía a los meses más frescos del año. Entonces era necesario empezar la arada y la siembra, ya que el limo dejado sobre el terreno por las aguas se secaba rápidamente bajo los rayos del sol, formando una costra dura que a menudo debía ser rota con la azada o con palos. En los campos más cercanos al Nilo no eran necesarios duros trabajos preparatorios: bastaba con llevar allí rebaños de animales para que sus pezuñas roturaran las tierras y enterraran las semillas en el terreno.

El cañaveral
Con cañas y juncos se fabricaban esterillas, cestos y barcas. Pero más beneficiosa era la recolección del papiro, precioso material para la escritura.

Las semillas
En el terreno, incluso si no era profundo, se esparcían las semillas de cebada, con la que se fabricaba tanto la cerveza como el farro, el mijo y el lino.

ARADO Y SIEMBRA
La técnica de preparación del terreno permanece inmutable durante siglos y los aperos son muy simples y rudimentarios.

El huerto
Se cultivaban varios
tipos de leguminosas,
ajos y cebollas, pero
sobre todo lechugas.

El arado
Tirado por dos bueyes,
y formado por un palo
al que se unía una rústica
reja de madera para
que el campesino
lo hundiera en el terreno
ablandado
por la inundación.

La azada
Era de madera
y servía para fracturar
los terrones
que el limo,
tras secarse,
había compactado.

Con el avance de la estación de Peret, los campos sembrados debían ser regados de nuevo. Los huertos requerían un cultivo particular. Mientras, se procedía también a la recolección de los dátiles, ya maduros en las palmeras, y al corte de los papiros y de las cañas en los pantanos que quedaban libres de las aguas.

Shemu

El trabajo en los campos se hacía febril con la llegada repentina de la última estación del año, Shemu. Era tiempo de recoger el fruto de tantos esfuerzos, antes de la próxima crecida. En marzo se procedía al corte de los tallos de lino, después, con el inicio del verano, era el turno de la uva

LA RECOLECCIÓN
Comenzaba en la zona del Alto y Medio Egipto, donde la maduración era más precoz, y después se trasladaba al Delta. Las operaciones, intercaladas por las fiestas y las verbenas populares, continuaban varias semanas.

Animales en los pastos
Después de la recolección, se llevaba a los animales domésticos (bueyes, e incluso ocas y patos) a alimentarse en los campos.

Espigando
A las mujeres les correspondía la tarea de recoger todas las espigas caídas, para que nada se desaprovechara.

En el corral
Después de que los
bueyes y los asnos pisaran
las espigas para separar
los granos, el trigo
se lanzaba al aire
con pequeñas paletas
de madera para eliminar
la paja.

La siega
El grano se cortaba
a la altura del tallo
por el segador con hoces
de madera provistas
de cuchillas de sílice.
Reunido en gavillas,
era transportado
a hombros en grandes
cestos.

La tripulación
Una nave de transporte
de tonelaje medio tenía
normalmente diez
remeros, dos timoneles
y un comandante.
Era, por tanto, muy veloz,
y hacía las veces
de correo y mensajero,
pero también embarcaba
mercancías poco
voluminosas y de valor.

LA GRAN RUTA
A lo largo del curso del Nilo
se construyen rudimentarios
puertos en los puntos de destino
de las rutas caravaneras. Mantener
seguras y utilizables dichas
estructuras corresponde
al poblado más próximo a ellas.

y del trigo, que en el Alto Egipto y en la parte central del valle del Nilo maduraban casi al mismo tiempo. Las cuadrillas de campesinos, incluidos mujeres y niños, se trasladaban de una hacienda a otra para vendimiar y pisar la uva, segar el trigo, trillarlo y posteriormente almacenarlo en amplios si-

los bajo la vigilancia de los funcionarios y de los escribas.

La navegación por el Nilo
El Nilo era también una gran vía de comunicación, la única realmente eficiente, y un territorio encajado como una cuña alargada entre mesetas desérticas. Incluso en la estación seca de Shemu, el

28

curso de agua resultaba fácilmente navegable, ya que se tenían localizados los bancos de arena que se formaban en el fondo. Para descender hacia el Delta bastaba con entregarse a la corriente, veloz o lenta según los períodos, pero siempre lo suficientemente segura. Para aumentar el empuje se utilizaban remos y pagayas. En cambio, cuando se quería remontar contracorriente el curso del río, se usaban velas, hinchadas en un gran tramo por los constantes vientos provenientes del Mediterráneo. A lo largo del Nilo, vía principal de Egipto, se desarrollaba un intenso tráfico comercial, sobre todo en el Delta, que ponía en comunicación el valle con los puertos del Mediterráneo.

EL IMPERIO ANTIGUO: EL ESTADO

Los quinientos años del Imperio Antiguo significaron la edad de oro del antiguo Egipto. Las instituciones políticas y sociales se consolidaron de forma definitiva; los egipcios permanecieron fieles a ellas durante más de veinte siglos.

Con la llegada de la III dinastía acaba el período protodinástico y se inicia el denominado Imperio Antiguo (2700-2200 a.C.), primer gran baluarte de la civilización egipcia, que se extenderá hasta el final de la IV Dinastía.

Desde el inicio, se emparejaron sólidamente algunas conquistas con la realidad armónica de Maat, que sacó al mundo del caos y lo mantiene habitable para los hombres. La gestión del Estado dependía de un gobierno ministerial regido por un visir (palabra que no es egipcia, pero que se ha consolidado por el uso). Los mismos ministerios guiaban a los primitivos or-

La cronología
La Piedra de Palermo lleva inscrita, en varias filas, los nombres de los reyes del Imperio Antiguo. Con cada nuevo faraón el cómputo de los años volvía a empezar por lo que la datación de un acontecimiento era indicado «año x del faraón y».

El faraón Pepi
Pepi I, de la IV dinastía inició la construcción de un canal en la catarata de Asuán para que las flotas en dirección a Nubia pudieran superarla más fácilmente.

ganismos territoriales en cada uno de los dos reinos, trasformados en provincias protegidas por guarniciones. Al mismo tiempo se elaboraron censos y se realizaron mediciones regulares del nivel del Nilo. La escritura se transformó en alfabética, constituyendo el instrumento más adecuado de registro junto con la numeración decimal. Se alcanzó un alto nivel en las artes figurativas y se desarrollaron las letras y las ciencias, especialmente la medicina de base empírica. Pero, sobre todo, se reforzó la idea de lo divino en términos de eternidad, infinitud, omnipotencia, omnisciencia y bondad.

El período menfita
Durante el período protodinástico, los soberanos habían reinado desde Thinis, en el Alto Egipto, pero desde la III dinastía la capital fue Menfis, en el Norte, ciudad amurallada que se extendía en torno a un arcaico palacio blanco. Menfis era un importante centro religioso pero no el principal. Como tal, se encontraba en la misma región Heliópolis. En cambio Saqqara y Gizeh fueron los lugares elegidos para las sepulturas reales y privadas. Sólido políticamente e inmune a los ataques extranjeros, Egipto se limitó a defender sus propias fronteras exteriores. En numerosas ocasiones fueron rechazadas las tentativas de los libios de invadir el Delta. Y sometió bajo su control la península del Sinaí, de la que se extraían piedras preciosas y cobre, indispensable (con el estaño) para la fabricación del bronce de las armas. Un laxo protectorado se ejercía sobre Biblos, en Fenicia, de donde se importaba la madera de la que Egipto estaba desprovisto. En el Sur, por

Un cuerpo especializado
Para las primeras expediciones a Nubia se organizaron levas de unidades de arqueros encargados del orden público y de la persona del faraón.

el contrario, el faraón Snefru, el primer rey de la IV dinastía, organizó expediciones a Nubia para procurarse el granito destinado a la construcción de las pirámides.

Sahure, el iniciador de la V dinastía, envió expediciones navales hacia el Oriente y hacia Punt, las legendarias regiones del Mar Rojo y del Cuerno de África, que eran verdaderos depósitos de especias, marfil, oro e incienso.

Con la V y la VI dinastías (2500-2200 a.C.) los reyes ya no parecían tan seguros de su poder y buscaron el apoyo de los gobernadores enviados a administrar las distintas provincias, especialmente las meridio-

LA REGIÓN DE MENFIS

Centro de la organización política y religiosa durante el Imperio Antiguo y bisagra entre el Bajo y el Alto Egipto. En la meseta desértica de occidente surgieron los grandes complejos funerarios.

La ciudad de Ptah

Sede de la monarquía unificada, capital de un Egipto próspero y en paz, Menfis estaba consagrada al dios Ptah, protector de los artesanos que trabajaban en las pirámides, cuyo templo se erigía fuera de las murallas meridionales.

Saqqara

La necrópolis de Saqqara, en la que se construyó la pirámide escalonada dedicada al faraón Zoser.

Dahshur

Acoge las tumbas de algunos faraones de la IV dinastía, como la pirámide romboidal del rey Snefru.

nales, más alejadas de la capital. Para mantener su fidelidad, los reyes les concedieron amplios poderes y les entregaron vastos territorios en usufructo, de manera que les hicieron autónomos del poder que les invistió. A estas adjudicaciones siguieron más privilegios, repartidos a mansalva durante el larguísimo reinado de Pepi I, en la IV dinastía. El más negativo de todos fue la autorización de disponer del cargo como de un bien hereditario.

El ordenamiento del Estado

El Estado egipcio mantuvo siem-

Gizeh
Las pirámides de Gizeh, culminación artística de la cultura del Imperio Antiguo y símbolo del Egipto de todos los tiempos.

El valle
El valle alrededor de Menfis era muy productivo gracias a sus tierras fértiles y bien drenadas. Estaba densamente poblado y era apto para todo tipo de cultivos.

El río
Ya próximo a su delta, el Nilo fluye lento y seguro. Eran muchos los que arribaban a la baja orilla occidental, por trechos más escarpados que los de la oriental.

pre la estructura centralizada y piramidal que adquirió en el Imperio Antiguo. La posesión del poder estaba en manos del rey o faraón, que regía sobre una población estimada entre los dos y los cinco millones de habitantes. Trazaba la línea de conducta del gobierno o promovía las iniciativas del Estado, pero declinaba buena parte del poder ejecutivo en el visir, jefe de una administración eficientísima, que vimos ya representada en la *tablilla de Narmer* ofreciendo las sandalias a su señor. El visir estaba ayudado por los responsables de los principales sectores, que constituían la clase más alta de funcionarios. Estos actuaban como delegados del rey, fuente viviente del derecho, e interpretaban su voluntad, irradiándola sobre todo el país a través de funcionarios locales que administraban tanto la justicia como la agricultura, la economía y las finanzas, al igual que la realización de las grandes obras, etc. Es sorprendente el sentido de la jerarquía y del trabajo en el Egipto de los faraones. Los funcionarios de todo orden o grado respondían con fidelidad y solicitud a sus superiores y ejercitaban con justicia el poder sobre sus subalternos. Los funcionarios de más alto nivel, jefes de los ministerios, o, como diríamos hoy, ministros, eran los *mer* «aquellos en los que está la boca» (es decir, un grado de mando), controlados por inspectores del rey o del visir. En todos los ministerios eran nume-

El visir
El visir Rehmire, en una pintura funeraria, con el bastón símbolo de mando en la mano derecha y el cetro en la izquierda.

La pirámide social
La sociedad egipcia tenía una estructura piramidal. En el vértice se encontraba el faraón, que delegaba su poder en una clase de funcionarios. Estos respetaban su autoridad tanto como al pueblo al que se la transmitían.

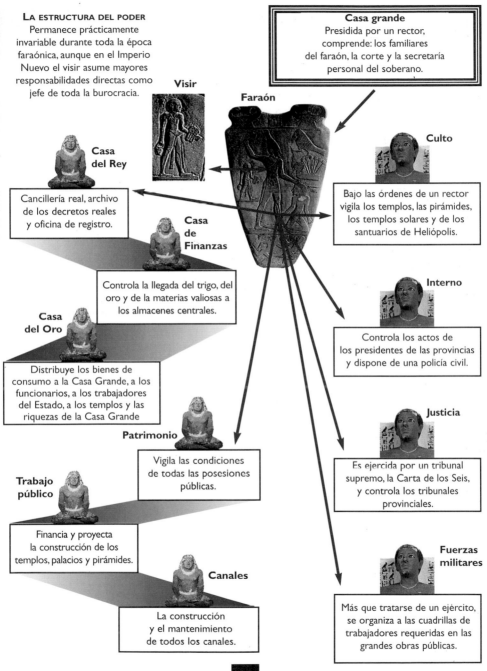

LA ESTRUCTURA DEL PODER
Permanece prácticamente invariable durante toda la época faraónica, aunque en el Imperio Nuevo el visir asume mayores responsabilidades directas como jefe de toda la burocracia.

Visir

Faraón

Casa grande
Presidida por un rector, comprende: los familiares del faraón, la corte y la secretaría personal del soberano.

Culto
Bajo las órdenes de un rector vigila los templos, las pirámides, los templos solares y de los santuarios de Heliópolis.

Casa del Rey
Cancillería real, archivo de los decretos reales y oficina de registro.

Casa de Finanzas
Controla la llegada del trigo, del oro y de la materias valiosas a los almacenes centrales.

Interno
Controla los actos de los presidentes de las provincias y dispone de una policía civil.

Casa del Oro
Distribuye los bienes de consumo a la Casa Grande, a los funcionarios, a los trabajadores del Estado, a los templos y las riquezas de la Casa Grande

Patrimonio
Vigila las condiciones de todas las posesiones públicas.

Justicia
Es ejercida por un tribunal supremo, la Carta de los Seis, y controla los tribunales provinciales.

Trabajo público
Financia y proyecta la construcción de los templos, palacios y pirámides.

Canales
La construcción y el mantenimiento de todos los canales.

Fuerzas militares
Más que tratarse de un ejército, se organiza a las cuadrillas de trabajadores requeridas en las grandes obras públicas.

rosos los funcionarios de grado inferior, como los secretarios, los escribas y los archiveros. En la administración de los distritos (*nomoi*), es decir, de las circunscripciones correspondientes a los núcleos territoriales que hoy llamaríamos provincias, estaban los gobernadores, nombrados directamente por el faraón, elegidos sobre la marcha y sustituidos a su placer. Les acompañaba un refrendario que, en la periferia, tenía la misma función que ejercía en el centro el visir. En el Alto Egipto las provincias siempre fueron veintidós, mientras que en el Bajo Egipto su número varió en el tiempo de trece a diecisiete.

Gobernadores con poderes especiales de policía administraban los oasis occidentales, que estaban sometidos a continuos saqueos de los libios. Eran elegidos entre los militares de rango, que raramente tenían la oportunidad de aumentar su prestigio. En este período, de hecho, protegido por el mar y por los

Micerinos
Relieve en granito verde del faraón de la IV dinastía. Micerinos (2532-2504). Viste la corona blanca del Alto Egipto y la barba postiza, símbolo del poder divino. Está acompañado por la diosa Hator (a su derecha) y por una divinidad local.

Kefrén
Detalle de la estatua en diorita del faraón de la IV dinastía, Kefrén (2558-2532 a.C.). El dios Horus, como halcón, extiende sus alas a lo largo del *nemes*, el sombrero con pliegues caídos.

desiertos, Egipto raramente tuvo que combatir para defenderse.

Ya desde el Imperio Antiguo el régimen social puede definirse como fluido: la población aparece distribuida en una escala jerárquica con numerosos peldaños. El grado superior lo ocupa el dios (el faraón), bajo él el visir, después los altos funcionarios y así hasta llegar al último siervo. En tal escala, excepto el primero y los últimos, cada cual era al mismo tiempo dirigente y ejecutor: una situación que permitía tanto la buena integración en la sociedad como, para los más capaces, la mejora de su propia posición.

El faraón y la sociedad egipcia

Símbolo y sostén del estado, el faraón, encarnación de Maat, garantizaba la cohesión y la felicidad del país. Era el intermediario entre el mundo humano y el mundo divino, un seguro para la permanencia del orden y de la armonía del cosmos, que sin su intervención sería precipitado al caos. De los cinco nombres que le fueron otorgados al faraón, el primero hacía referencia precisamente a su origen divino: Horus (el dios halcón, patrón de la unificación); las dos Señoras (con las cuales ellos identificaban a Nekhbet y a Uto, las diosas de la realeza del Sur y del Norte); Horus de oro (manifestación del dios). El cuarto ele

Un burócrata
Estatua en madera de sicomoro, con ojos incrustados de cristal de roca, de un funcionario de la V dinastía, conocido como el «Alcalde del pueblo».

mento, que significa «hijo de Ra» (el dios solar) indicaba el poder civil y tenía el valor de «rey». Seguía a continuación el nombre que el faraón había recibido al nacer. Con la fuerza mágica que emanaba de él, el faraón aseguraba fertilidad a la tierra, prosperidad a los súbditos y fuerza a los ejércitos. Su autoridad era por tanto ilimitada e indiscutible. Como hijo espiritual de Maat, proclamaba decretos incontestablemente justos y equilibrados que tenían la fuerza de decisiones inspiradas. En el visir, su brazo secular, recaía la tarea de hacerlos respetar porque los errores de los hombres no podían alterar la justicia divina.

Del visir, que, como hemos visto, era también el responsable del aparato burocrático, dependía sobre todo la administración de la justicia: era él quien designaba la composición de los tribunales y quien controlaba sus actuaciones, ya que la verdad pertenecía al faraón, y cualquier súbdito, hombre o mujer, pobre o rico, debía responder ante la Ley. También la autoridad religiosa, consustancial a la persona misma del faraón, estaba delegada en la clase sacerdotal, que del dios-rey recibían la tarea de sustituirlo en las celebraciones rituales. Como veremos, Egipto tenía una gran cantidad de dioses, y las diversas ceremonias sagradas hicieron necesario con el tiempo un número creciente de encargados de los templos.

A comienzos del Imperio Antiguo, los gobernadores provinciales fueron también sumos sacerdotes del templo local y disfrutaban de los beneficios derivados de los bienes en especie que estaban destinados al templo. Pero cuando al final del Imperio Antiguo se les otor-

Junto al poder
Grupo estatuario realizado en caliza pintada del príncipe Rahotep y de la princesa Nefret: un alto funcionario de la familia real con su esposa.

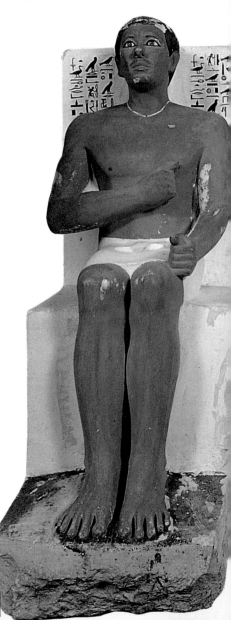

Faraón y sacerdote Un faraón (reconocible por la corona azul que porta sólo en la guerra y en los ritos solemnes) vestido de sacerdote con la piel de leopardo echada sobre los hombros.

gó a los gobernadores tierras e inmunidad, los templos que ellos dirigían se hicieron, además de ricos, prácticamente autónomos. Por ello a los sacerdotes subalternos les fueron asignadas ocupaciones diferentes (administradores, responsables de la producción, etc.), reguladas por una rigurosa jerarquía.

La distribución de la riqueza

Todo el territorio y la riqueza que se producía en Egipto pertenecían al faraón, que debía asegurar a todos los súbditos su subsistencia, seguridad y bienestar, ya que la Ley de Maat exigía que la reciprocidad, la solidaridad y la responsabilidad regulasen también la vida económica. Esta funcionaba según un sistema de distribución que tenía su centro en el templo. En cada región, los bienes producidos (agrícolas o artesanales) eran llevados al templo principal, inventariados y almacenados por los sacerdotes escribas y, posteriormente, redistribuidos entre la población. A cambio de la justa y atenta distribución de las mercancías y productos que entraban bajo su control, los templos estaban exentos de un cierto número de impuestos. La propiedad privada existía bajo la forma de pequeñas haciendas agrícolas y de comercios artesanos llevados familiarmente, cuyos medios de producción (ganado, utensilios, barcas para la pesca) eran censados y tasados anualmente. El comercio interno se establecía bajo la forma de trueque, según un valor abstracto que se atribuía a cada producto.

Nadie es esclavo

Se ha insistido sobre los conceptos de orden y armonía, de reciprocidad y solidaridad en la vida económica: la Ley de Maat. Todo esto fue posible en el Imperio Antiguo, en el que las clases di-

Bajo las suelas
Dos prisioneros de guerra (uno asiático y el otro sirio) pintados bajo las suelas de un par de sandalias: despreciados pero no esclavos.

El trabajo fue libre
Se ha creído durante mucho tiempo que los operarios que construyeron las pirámides y los templos (de frente) eran esclavos. En cambio, eran hombres libres con un contrato de trabajo normal.

rigentes tenían el privilegio de la riqueza pero se encontraban sometidos al poder, que pertenecía sólo al faraón, en la misma medida que cualquier otro súbdito. Por la misma razón, la esclavitud, entendida como la ausencia total de derechos legales, no existía en el Imperio Antiguo. En ocasiones algunos trabajadores podían ser cedidos o empleados por los propietarios agrarios o por los templos que los empleaban, pero se trataba de hombres obligados por la extrema pobreza a un estado de servidumbre, ni definitivo ni hereditario. Es decir, no estaban considerados como simples cosas o como máquinas sin alma. Esto ocurría especialmente con los campesinos, pero también con muchos artesanos y con no pocos escribas.

La condición de los escribas

Junto a los altos funcionarios que compartían el poder del faraón, en la medida en la que el poder absoluto y divino

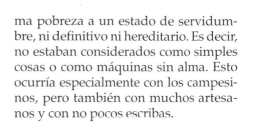

Tampoco los prisioneros
Incluso cuando durante el Imperio Nuevo los egipcios realizaron guerras de conquista, los prisioneros capturados eran rápidamente integrados en la vida económica del país. Sometimiento de un prisionero de la tumba de Tutmosis IV, faraón de la XVIII dinastía

puede ser compartido, se desplegaban los cuadros burocráticos inferiores y ejecutivos. Ninguna otra civilización antigua tuvo una administración tan articulada. Los escribas poseían una formación específica, y formaban un grupo no homogéneo pero numeroso y respetado. Habían permanecido largo tiempo en la escuela para aprender la complicada escritura egipcia, y los menos afortunados escribían al dictado para funcionarios de grado más elevado. Sin embargo, muchos eran investidos de responsabilidad e intervenían en todos los focos de la vida asociativa. Estaban presentes en las oficinas de la administración, en los campos para realizar mediciones, para censar el ganado y cuantificar la recolección, en las fronteras para controlar el tráfico de productos y de extranjeros, y en cualquier lugar para recoger los impuestos. De la precisión y de la competencia de su trabajo podía depender la supervivencia misma del pueblo. De hecho, su labor no era sólo censar y calcular las riquezas sino también prever las malas añadas (es decir, cuándo las crecidas eran demasiado violentas o demasiado débiles y podían causar carestía). Debían entonces mantener la calma y proporcionar suministros. Cualquiera que fuese su función y su papel, el escriba prestaba atención a sus cometidos. En un antiguo texto, que los egiptólogos han titulado *Sátira de los oficios*, se lee: «El lavandero lava cada día y a la fuerza los paños de los vecinos… las manos y los pies de los vasallos están llenas de arcilla… el zapatero trata el cuero y su hedor es fuerte… Pero es el escriba quien controla el trabajo de todos ellos. Toma nota».

Los contables
Informado por el jefe de los ingenieros, el escriba registra diariamente el progreso de los trabajos en una cantera del faraón, apuntando los costes de los materiales y de los abastecimiento los sueldos de los oper los gastos imprevistos e incluso los incidentes.

Censo de animales
Presentación del ganado delante de un oficial de la corte asistido por un grupo de escribas. Además de censar el número de animales se señalaban sus características, las haciendas a las que iban destinados y los terrenos en los que habían pastado.

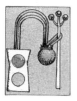

Para decir escriba
Jeroglífico compuesto
por los instrumentos
del escriba: un estuche
con ranuras para
la tablillas de pigmento
rojo y negro, un vaso
para el agua y una pluma.

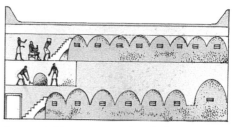

Los contables
Cada acto
administrativo era
puntualmente
registrado. El sueldo
diario de un trabajador
(una bolsa de trigo

depositado en
los almacenes
o un conjunto
de ofrendas para
una divinidad) era
apuntado por el escriba.

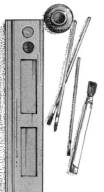

Los utensilios
Estuche de trabajo
con lo que se necesita
para escribir: varios tipos
de plumas, espátulas
para disolver
los pigmentos y tinta.

Los archiveros
Un grupo nutrido
de escribas estaba
empleado en la
copia de los textos
científicos, literarios
y de las fórmulas
mágicas
de los rituales.
Los rollos de papiro
archivados en vasos
sellados formaban
así la biblioteca
y el archivo
del templo.

La escritura

El trabajo de los escribas era menos duro que el de los artesanos y los campesinos, pues consistía sobre todo en escribir: una actividad difícil, pero poco fatigosa.

La escritura egipcia estaba formada por dibujos (los jeroglíficos) que representaban tanto al hombre como al mundo que le rodeaba (plantas, animales, etc.). Al principio, en la escritura jeroglífica se usaba cada signo como un pictograma, es decir, indicando figurativamente su significado, pero más tarde la necesidad de expresar conceptos abstractos y nombres propios dio lugar a la creación de signos con un valor fonético, según el principio de los «rebus». El desarrollo de las actividades económicas impuso el uso de un sistema de signos más rápidos de hacer, y los jeroglíficos se estilizaron. Los griegos llamaron a este tipo de escritura «hierática» (sacerdotal) porque, cuando la conocieron, sólo la utilizaban los sacerdotes, para transcribir los textos sagrados, aunque en origen era de uso corriente. En una época tardía (siglo VII a.C.) se popularizó una escritura aún más rápida y sencilla, adecuada para las necesidades cotidianas y derivada de la hierática: se la denominó demótica, o sea «popular».

Los artesanos

El trabajo manual fue considerado siempre en Egipto como uno de los valores fundamentales de la sociedad, y el artesano estaba considerado como un artista. Imhotep, visir y arquitecto del faraón Zoser, para el que erigió la pirámide escalonada de Saqqara, inició su propia carrera como fabricante de va-

La lectura de los jeroglíficos
Por norma, la lectura de los jeroglíficos se realizaba en vertical, de arriba a abajo y de derecha a izquierda.

La dirección está indica(da) por las cabezas de las fi(guras) de los humanos o de los animales, que e(stán) orientados hacia el inici(o) de la inscripción.

La recolección del papiro
Los recolectores arrancaban el papiro de los pantanos.

Estuco de la tumba del propietario agrícola Ti en Saqqara (alrededo(r) del 2500 a.C.).

En lugar del papel
Los tallos de papiro, cortados en finas tiras verticales, se entrecruzaban

y de este modo se obt(iene) un soporte para la escr(itura)

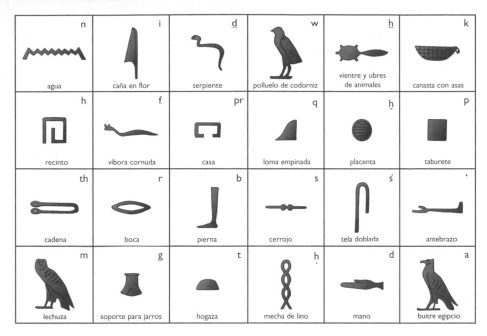

n	i	d	w	h	k
agua	caña en flor	serpiente	polluelo de codorniz	vientre y ubres de animales	canasta con asas
h	f	pr	q	ḥ	p
recinto	víbora cornuda	casa	loma empinada	placenta	taburete
th	r	b	s	ś	'
cadena	boca	pierna	cerrojo	tela doblada	antebrazo
m	g	t	h	d	a
lechuza	soporte para jarros	hogaza	mecha de lino	mano	buitre egipcio

casa hogaza suma

pr + t = prt

Como un crucigrama
Representación del alfabeto jeroglífico y del sonido particular de las letras. La unión de más signos (y de sonidos) daba origen a palabras y significados distintos.

Más funcional
Problema de geometría en hierático. Obviamente, era imposible usar para este objetivo la escritura jeroglífica.

sos de piedra. La población no dedicada a la agricultura desarrollaba trabajos artesanales que, aunque cada vez se daban más (orfebrería, cerámica, enseres domésticos), satisfacían principalmente la demanda interna. El importante comercio exterior era monopolio del Estado, es decir, lo gestionaba el faraón. Difícilmente un artesano podía permitirse trabajar como autónomo. A menudo era de las dependencias del Estado o del templo de quien recibía pagos en especie (productos alimenticios, vestidos, sandalias, sal), y servicios de primera necesidad (alojamiento, utensilios y aperos de trabajo, cuidados médicos, sepultura…). Aunque los artesanos transmitían sus técnicas de padres a hijos también era costumbre aceptar aprendices. Como se puede ver en la *Sátira de los oficios*, los jóvenes egipcios eran libres de elegir una profesión según sus propias inclinaciones, pero debían permanecer alerta contra el empeño de empujarles a entrar en la escuela de los escribas y a hacer carrera en la administración. Hasta la IV dinastía los artesanos estuvieron empleados principalmente en la construcción de las pirámides. Después, durante la V dinastía, en las obras de los templos. Eran picapedreros, canteros, carpinteros, montadores, escultores, escayolistas, pintores, etc. Estos conocían los secretos de la elaboración de todos los tipos de piedras (el granito, el alabastro, los áridos), y de todo tipo de maderas y de metales (menos el hierro, todavía). Pero con la VI dinastía cesó casi del todo la actividad constructora que por más de dos siglos y medio había empleado a cincuenta generaciones de artesanos.

La preparación de la cerveza
Una de las actividades cotidianas más importantes en la que principalmente se ocupaban las mujeres. Estatuilla en caliza pintada de la V dinastía de Saqqara.

Ebanistería
Estuche para el maquillaje con la cuchara para mezclar los ungüentos. En madera policromada.

Artesanado funerario
En las tumbas estaban colocados todos los objetos cotidianos que se creía que servirían al difunto. Y no le podían faltar amuletos que le protegiesen en su viaje hacia el más allá.

Concentrados en la capital y privado de un sistema social que asegurase su trabajo y sostenimiento, en el 2260 a.C. los artesanos comenzaron una revuelta social, la primera de las que se ha tenido noticia en la Historia, que contribuyó al debilitamiento del poder y a la anarquía en que desembocó el primer período intermedio.

Los campesinos

La auténtica riqueza del país eran los campesinos, autónomos aunque sujetos a un gran propietario (un funcionario, el templo), que habían conseguido la tierra en beneficio, en este caso los campesinos eran entonces cedidos o alquilados pero no perdían sus derechos de hombres libres.

La mayor parte de los campesinos vivía en pueblos malolientes e invadidos por

La orfebrería
Este halcón divino, con ojos de obsidiana y corona alada de oro con *ureo* (cobra sagrada), indica el alto nivel que había alcanzado el artesanado en la IV dinastía.

los parásitos, cercanos a las tierras que cultivaban. Además, debían pagar un tributo en especie, calculado por los escribas según la extensión, la productividad, la presencia de animales de corral o de tiro, de plantas frutales o de cañizal. Los campesinos debían procurar al país la harina para el pan y la cebada para la cerveza, las carnes para la alimentación, el lino para los tejidos, y el papiro para las barcas y como material de escritorio. Tenían a su disposición utensilios simples pero eficaces, como la escarda (una especie de azada corta de madera para remover el terreno), y el arado ligero.

La inspección

Los funcionarios estatales llegando a un pueblo de campesinos para la recaudación anual, el inventario de las reservas y el censo de los habitantes.

El impuesto

El jefe de los funcionarios calculaba el porcentaje de los productos debidos al faraón y procedía a retirar la cuota tasada.

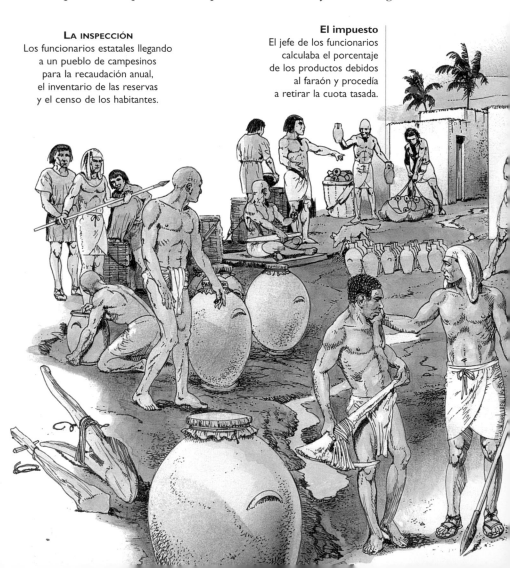

El esfuerzo de su trabajo era aliviado por las inundaciones del Nilo, que dejaba en sus campos el limo fertilizante, con lo que no necesitaban arar en profundidad.

En los meses en los que el trabajo agrícola era interrumpido, los campesinos estaban obligados a trabajar en las canteras de las grandes obras del faraón. Fuesen autónomos o subalternos, con su trabajo adquirían seguridad frente a los peligros externos, una alimentación superior a los niveles de subsistencia, la participación en los rituales sagrados, y la esperanza de poder mejorar la condición social de sus hijos.

EL PUEBLO
Lo constituían, en las márgenes del río o de los canales, viviendas de adobe encaladas, en las que la luz y el aire entraban por una única puerta.

El reclutamiento
Los campesinos más jóvenes y fuertes eran elegidos para ser enviados a las grandes obras. Debían dejar su familia y su pueblo para realizar un trabajo aún más duro que el de los campos.

Cobradores maltratando a morosos
No todos podían pagar los impuestos debidos al Estado. La guardia armada estaba en el lugar para dar ejemplo.

Imperio Antiguo: la Religión

Desde el Imperio Antiguo, la religión de los egipcios atribuyó mucha importancia al culto funerario, unido a la inquebrantable fe en la supervivencia ultraterrena. Ya desde las épocas arcaicas muchas divinidades poblaban la religión egipcia.

Estas dos manifestaciones de la religión, la funeraria y la divina, conviven desde un principio. La religión funeraria se basaba en la supervivencia del alma. La muerte no era considerada sino la separación del cuerpo de esta fuerza espiritual, el ka o «doble» del hombre, que había encontrado en el cuerpo su sostén material. Ya que el mundo había sido creado por la fuerza vital del universo que se encontraba más allá y por encima del hombre, el espíritu eterno debía volver al orden y a la armonía cuando su recorrido terrenal llegara a su término. Se trata, una vez más, de la Ley de Maat que se transfiere a lo sagrado. En cuanto al aspecto propiamente divino de la religión egipcia, no debe asombrar lo concurrido que era su panteón, ya que en él confluyeron las divinidades locales de las más pequeñas comarcas, representadas a menudo por formas y atributos animales. Se trata, con toda probabilidad, de supervivencias del culto dedicado por cada tribu prehistórica a su propio tó-

Osiris
Representación del dios Osiris que lleva en la mano el cetro y el azote, símbolos del poder. El color verde del rostro y de las manos indica el perenne ciclo de la vida vegetativa.

EL ENÉADE
Como en muchas
tradiciones culturales,
también en Egipto
se trató de poner en
orden al conjunto de
divinidades estableciendo
parentescos entre ellas.
La doctrina teológica
de Heliópolis regía sobre
un grupo de nueve dioses
(Enéade).

Atón
Dios creador del universo,
ya desde el principio
del Imperio Antiguo posee
las características de dios
nacional y por esta razón
lleva la doble corona.

Shu
Es el «aliento»
de Atón, el dios
de la atmósfera y de
la luz solar.

Tefnut
Generada
r la saliva de Atón,
es la diosa
de la humedad
atmosférica.

Nut
El cielo estrellado:
con su cuerpo
domina a su hermano
y esposo Geb.

Geb
La tierra, el esposo
de Nut con
la que engendra
a dos parejas divinas.

Isis y Osiris
La pareja divina
protagonista del mito más
famoso de la religión
egipcia.

**Neftis
y el marido Seth**
Seth, con cabeza
de animal imaginario,
es el antagonista de Osiris.

tem. Los egipcios no se preocuparon por definir claramente los atributos y los poderes de las divinidades particulares, aunque a algunas se les atribuyó un papel preciso. Para ellos los dioses eran seres superiores de cuyo humor dependía la evolución del mundo y con los que debían mantener buenas relaciones. Esta era la tarea del faraón, el dios viviente, y la finalidad de las ceremonias de culto que se celebraban en los templos. A pesar de eso, el dios solar, en sus diferentes manifestaciones (Khepri por la mañana, Ra hacia mediodía, Atón por la tarde), asumió un papel preeminente en la religión del Estado. Su culto fue difundido por los sacerdotes-teólogos de Heliópolis (en griego «ciudad del sol»), en el norte de Menfis, que elaboraron la primera doctrina teológica, denominada Enéade porque se regía sobre un grupo de nue-

ve dioses. Otras ciudades, como por ejemplo Hermópolis y Menfis, construyeron teogonías diferentes que se regían sobre grupos de ocho dioses (Ogdóade). Junto a estas doctrinas maduró otra que tenía origen en una época más antigua, dedicada a Osiris.

El Enéade de Heliópolis
Dentro del caos primordial, el dios solar se creó a sí mismo. Luego creó a una pareja divina: Shu, divinidad del aire y Tefnut, divinidad de la humedad, quienes a su vez dieron a luz a otra pareja: Geb, dios de la tierra y Nut, del cielo. Después Geb y Nut engendraron a otras dos parejas divinas constituidas por Seth y Neftis, y por Osiris e Isis. El culto de esta última pareja siguió con vida en cada nivel de la población hasta el término de la civilización egipcia. A decir verdad, llegó aún más allá porque se difundió en el mundo greco-ro-

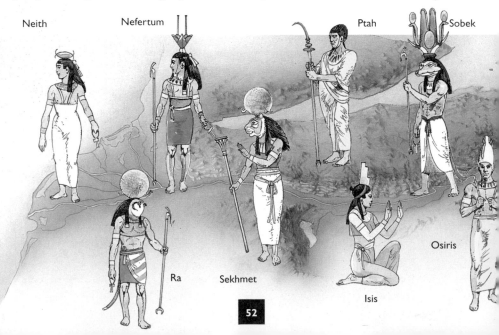

Neith · Nefertum · Ptah · Sobek · Ra · Sekhmet · Isis · Osiris

El dios Ra
Dios con cabeza de lechuza, manifestación del dios del mediodía. Por esta razón está dominado por un luminoso disco solar.

Isis
La diosa sentada en el trono con el niño Horus.

Hator

Amón

Horus

Cnoso

Neftis

Khum

Los dioses locales
Antes de la unificación de Egipto cada tribu poseía su propio dios, así que el país unificado acabó teniendo decenas de dioses. Cultos diferentes se fusionaron para originar una religión compleja, no siempre exenta de contradicciones.

mano. Según el mito, Osiris fue asesinado por el malvado hermano Seth y sus miembros fueron esparcidos por todo el mundo. Sin embargo, Isis, llorando, se puso en busca de todas las partes del cuerpo de su esposo, las reconstruyó con artes mágicas y le devolvió el soplo de la vida. Osiris, resucitado, se convertirá en el soberano del más allá.

El culto de los muertos

Tanto la narración sagrada que ve la muerte y el renacimiento de Osiris, como el cotidiano discurrir del dios solar que a la puesta del sol está dominado por las tinieblas pero luego resurge triunfante, representaban para los egipcios la garantía de la fe en la supervivencia del alma después de la muerte. Pero, para que esto aconteciera, el alma necesitaba que el cuerpo no se corrompiera o se dispersara. De ahí la voluntad de preservar el cadáver momificándolo, junto al uso de la sepultura y de las tumbas. En tiempos más antiguos una verdadera vida más allá de la muerte había sido considerada privilegio del faraón, por lo que los súbditos esperaban que la inmortalidad del soberano se reflejara de alguna forma sobre ellos. Más tarde, hacia finales del

Vasos canopes
Se utilizan cuatro vasos por cada difunto, para conservar el hígado, los pulmones, el estómago y el intestino.

Para traspasar
El barco ceremonial que lleva el cuerpo del difunto al mundo de los muertos.

LA MOMIFICACIÓN

Ya durante la IV dinastía la clase de los embalsamadores profesionales se ocupa de la conservación del cuerpo para la eternidad.

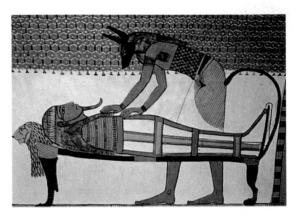

Anubis

El dios con cabeza de chacal negro vigila el embalsamamiento y le enseña al difunto la vía de la ultratumba.

La extracción de órganos

Se hacen incisiones en el cuerpo del difunto para sacar los órganos. Se deja en su sitio tan sólo el corazón, centro vital. El cerebro se saca con unos ganchos a través de la nariz.

El natrón

El cuerpo, vaciado de los órganos, es sumergido en una sustancia desecante, el natrón (salitre) y luego se trabaja con resinas, aceites y especias que confieren elasticidad a los tejidos.

Imperio Antiguo, la supervivencia llegó a ser un derecho de todos aquellos que podían disponer de una tumba y permitirse los ritos fúnebres.

Las pirámides

Ya desde la época protodinástica la tumba real estaba estrechamente relacionada con la afirmación del poder terrenal, del que era una exteriorización. Con la III dinastía se convirtió en el símbolo de la divinidad del faraón, de su supervivencia celestial, de su poder, que iba más allá de la muerte. Para expresar estas nuevas ideas filosóficas y religiosas Imhotep, gran canciller y arquitecto de Zoser (2670-2650 a.C.) proyectó una mastaba que luego decidió sobrealzar con una serie de mastabas

EL GRUPO DE GIZEH
Las pirámides de Gizeh vistas desde el sur. La perspectiva falsea el orden de grandeza de los monumentos.

UN REFRÁN
Este refrán árabe rinde homenaje a las pirámides de Gizeh, en pie desde hace más de 4500 años: «El tiempo lo desafía todo, pero las pirámides desafían al tiempo»

La pirámide de Micerinos
La más pequeña del grupo de Gizeh (mide sólo 66 m de altura y tiene una base de 108x108 m), conserva la original cubierta de granito a pesar de la erosión sufrida a lo largo de los siglos

progresivamente menores: de esta forma nacía la pirámide escalonada de Saqqara, que simbolizaba una escalera tendida hacia el cielo para permitirle la ascensión a los cielos al faraón. La idea de la pirámide arraigó tan firmemente que en cuarenta años, entre el 2670 a.C. y el 2630, se llegaron a construir once. Cien años más tarde, bajo el imperio de Snefru, primer faraón de la IV dinastía, la pirámide adquirió su forma definitiva, de caras planas. El salto formal no es de poca importancia, ya que expresa de forma más tajante la importancia del culto solar relacionado con el rey. La comparación debía surgir de forma casi espontánea en el observador: las esquinas de las pirámides de Gizeh «copiaban» la inclinación de los rayos solares; las fachadas oblicuas eran la materiali-

La pirámide Kefrén
Se remonta al 2520 a.C., mide 136 m de altura (originariamente medía 143 m) y tiene una base de 210x210 m. En su cumbre perdura aún la cubierta de losas original de piedra caliza de Tula.

La gran Pirámide
Es la pirámide de Keops, segundo faraón de la IV dinastía, construida alrededor del 2550 a.C. Se construyó con casi dos millones y medio de bloques de maciza piedra caliza, cada uno con un peso aproximado de dos toneladas y media. Su tamaño es mayor, en algunos metros, que el de la pirámide de Kefrén.

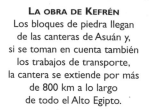

LA OBRA DE KEFRÉN
Los bloques de piedra llegan
de las canteras de Asuán y,
si se toman en cuenta también
los trabajos de transporte,
la cantera se extiende por más
de 800 km a lo largo
de todo el Alto Egipto.

Trabajo en cadena
Todo el trabajo
(la extracción, el tallado
de las piedras, la puesta
en obra, etc.)
se desarrolla
en una especie de trabajo
en cadena para evitar
«atascos» o tiempos
muertos.

zación en piedra de esos rayos lanzados desde el cielo sobre la tierra; la cubierta, casi blanca, era la luz del astro y el vértice debía de parecer inaccesible.

Los constructores de las pirámides
Para permitir que también después de la muerte «terrenal» del faraón, todo el país pudiera beneficiarse de su poder divino, muchos hombres intervenían conjuntamente en la construcción de las pirámides. Al hacer referencia al gran monumento funerario de Keops, Heródoto habla de 100 000 hombres que trabajaron, sin interrupciones, en turnos de tres meses durante 20 años. A nosotros nos resulta difícil determinar con qué sistema trans-

Las rampas
Para erigir la pirámide
se procedía quizá
con la ayuda de grandes
rampas ascendentes
en las que se arrastraban,
con el auxilio de rastras
que deslizaban sobre
rodillos, los enormes
bloques labrados.

Gizeh
El grupo de Gizeh,
en la periferia occidental
de El Cairo,

con las pirámides
de Micerinos
(a la izquierda), de Kefrén
y de Keops.

portaron y colocaron perfectamente, hasta una altura de casi 150 metros, alrededor de tres millones de metros cúbicos de piedra, con un peso medio de más de dos toneladas cada uno, en una época en la que todavía no se conocían ni el hierro ni la rueda, y aún menos la polea o el cabrestante. Se ha admitido como hipótesis la presencia de unas rampas ascendentes provisionales, de varios tipos, y de máquinas basculantes construidas con pequeñas vigas («maderas cortas» dice Herodoto) que permitían subir los bloques labrados de una hilada a otra del esqueleto escalonado de la construcción. Las grandes pirámides son la obra extraordinaria de hombres —desde el último obrero al sumo

sacerdote, arquitecto, proyectista y director de los trabajos— dotados de una calidad y experiencia excepcionales.
Tan excepcionales que, después de las generaciones que van del 2700 al 2500 a.C. aproximadamente, el prodigio ya no volvió a producirse, como si en este último y formidable testimonio se hubiese agotado ese mágico empuje.

La mastaba
Es el tipo de sepultura monumental egipcia más antiguo. El edificio, de una sola planta, tiene las fachadas exteriores ligeramente oblicuas.

La pirámide escalonada
Una serie de mastabas superpuestas forma la pirámide del faraón

Zoser en Saqqara. Su base es de 121x109 m y mide 60 m de alto.

La forma perfecta y definitiva
Es la de la pirámide de Gizeh. Su base es de 230x230 m y mide 146 m de alto.

La pirámide romboidal
La pirámide de Snefru en Dahshur presenta una variación del ángulo de la esquina: de 54° 27' en la base, a 43° 22' en lo alto. Su base es de 188x188 m y mide 97 m de alto.

LAS TÉCNICAS

Es difícil imaginar cómo los egipcios levantaron sus pirámides. Las hipótesis propuestas son muy diversas y no faltan las objeciones.

Rampa en desarrollo alterno

En cada cara de la pirámide se eleva en zigzag hasta el vértice una rampa. Objeción: la pendiente moderada se adapta bien al trabajo de revestimiento, pero el sistema no es apto para la construcción.

Rampa helicoidal

Supone un sistema con rampa única, de 15 m de ancho y con una inclinación del 5 al 7,5 % que, como una espiral, envuelve toda la pirámide. Objeción: ¿cómo solucionar el problema de los recodos, sobre todo al acercarse al vértice?

Rampa perpendicular

La teoría prevé una rampa perpendicular al cuerpo de la construcción que se alargaría poco a poco según sube la pirámide. Objeción: para alcanzar el vértice del monumento de Keops, manteniendo una inclinación constante de 10-12 grados, la rampa debería alargarse más de un kilómetro y medio.

El misterio de la Esfinge

El concepto de «esfinge», criatura con cabeza humana y cuerpo leonino, se afirmó durante el reino de Zedefra, inmediato predecesor de Kefrén. La fusión de los dos elementos —zoomorfo y humano— en una escultura de tamaño colosal, es todavía oscuro y no existe ningún documento del Imperio Antiguo que permita desvelar su significado religioso. Probablemente, con su aspecto de león tumbado, la Esfinge debía de velar el conjunto funerario de las pirámides. Su rostro se conjeturó como el del faraón Kefrén. Se trata de una figura llena de símbolos. El rey, representado en muchas tablillas predinásticas como un león que se enfurece ante los enemigos, vuelve a ser representado aquí de la misma forma, en el umbral de su dominio ultraterreno. Sólo un millar de años más tarde, la estatua empezó a ser identificada como Harmakhi (Horus en el horizonte).

Cuando el general Bonaparte llegó a Egipto, emergía de la arena tan sólo la cabeza de la Esfinge, su cuello y una pequeña parte de los hombros. Los técnicos franceses, para quienes, como para todos los europeos, la cultura y la historia egipcia estaban todavía por conocer, creyeron adivinar en aquella colosal cabeza de mujer la representación zodiacal de «virgo».

En 1816 se empezaron las obras para sacarla de la arena. Después de una interrupción en 1853, Auguste Mariette, las terminó en 1866. Entonces se apercibieron de que ya en épocas anteriores se habían efectuado otras intervenciones del mismo género. Entre las poderosas zarpas anteriores de la Esfinge fue en-

El gigante que emerge de la arena
Así apareció la Esfinge ante la expedición francesa de Napoleón. El diseño fue publicado en la monumental *Descripción de Egipto.*

Impenetrable como la Esfinge

Aunque impenetrable, el rostro de la esfinge transmite una información preciosa: mínimos rastros de color que permanecen en su cuerpo permiten deducir que, originariamente, la enorme estatua estaba pintada totalmente.

«Estatua viviente»

Esfinge es un término griego que deriva del egipcio *shespankh*, «estatua viviente». La monumental escultura, tallada en una elevación natural de caliza, mide 57 m de largo y 20 de alto.

contrada una inscripción (aún hoy conservada) colocada durante el Imperio Nuevo por Tutmosis IV, faraón de la XVIII dinastía, del que se conocen pocas cosas más. En el texto se lee que el dios Horus se aparece en sueños al rey pidiéndole que le libre de la arena que tiene a su alrededor.

Para colmo de males, la limpieza del monumento ha puesto de manifiesto los peligros de su conservación. El cuerpo leonino se encuentra seriamente amenazado por la acumulación de sales en la antigua argamasa, que provocó erosiones posteriores, al secarse la humedad de la base con la acción del viento y del sol. Por lo que se refiere a la falta de la nariz —que confiere al rostro de la Esfinge esa imperturbabilidad que ha llegado a ser notoria— se atribuye a los ejercicios de artillería de los mamelucos. Algunas partes de la nariz se encuentran ahora en el Museo de El Cairo.

El primer período intermedio

Con el final de la VI dinastía la Ley de Maat orden, seguridad y armonía pareció quebrarse y el antiguo sistema de poder decayó en el desorden general. También las carestías provocadas por la escasa entidad de las crecidas del Nilo jugaron su papel.

La descentralización administrativa de Pepi II, a finales del Imperio, fue una progresiva sustracción de poder al rey. Los gobernadores pasaron de ser representantes del soberano a príncipes locales, y provocaron la crisis de la monarquía en la que quedaron involucrados los faraones de la VII a la XI dinastía. De esta forma se generó la crisis del denominado primer período intermedio, comenzado después del 2200 a.C., y cuya duración varía bastante según los autores: de un centenar de años a ciento noventa. Por los escasos documentos, de difícil lectura, se deduce que algunos gobernadores, especialmente los de Edfú, Tebas y Eracleópolis, se disputaron el poder embarcándose en repetidos conflictos, después de haber creado sus propias fuerzas armadas. Cada uno de ellos se declaró rey y le

El pan
La molienda del trigo, estatuilla del 2200 a.C. Para triturar los cereales se utilizaban unos molinos y unas mazas de piedra.

La cerveza
Maqueta que representa unas mujeres tamizando grandes panes de cebada para preparar la cerveza.

otorgó a su propia dinastía la sucesión familiar. El Delta intervino para complicar la situación general: lo invadieron hordas de nómadas en busca de nuevos y fértiles pastos. El rastro visible de todo ese acontecimiento se encuentra en las tumbas de los mismos príncipes que, en lugar de ser edificadas en Menfis sede real ya sin ninguna autoridad, empezaron a ser construidas por doquier en todo el Alto Egipto, desde Asuán a Tebas y a Abydos. Además las tumbas ahora son rupestres, y ya no se ensalzan con su monumental grandeza la divinidad del faraón, el único, junto con su casta, que podía acceder a la vida eterna. La presencia de numerosas sepulturas menores o tan sólo estelas demuestra que el derecho a la inmortalidad se había difundido por lo menos entre los que disponían de medios económicos, y eso indica también un cambio en el orden social. El desorden y la anarquía no impidieron, sin embargo, que se llevaran a cabo grandes empresas: Khetis III realizó los canales para unir Menfis con otros centros del Delta; Mentuhopet I y luego Mentuhopet II (el que empezó la reunificación del país) proveyeron de pozos a la carretera Nilo-Mar Rojo a lo largo de los riachuelos para poder acceder mejor a las minas de oro y a las canteras de basalto. La anarquía de esta época no marcó, de hecho, una auténtica decadencia; como buenos administradores que eran, los nuevos faraones promovieron en sus dominios un notable florecimiento económico.

La arquitectura y las formas de representación artística decayeron. Se dio en cambio gran realce a la literatura, que sacó sus temas de la nostalgia por el esplendor perdido y de un pesimismo brotado por la inseguridad y la miseria. Una composición lírica de este período, el *Canto del Arpista*, se puede considerar como una de las obras maestras mundiales de todos los tiempos.

El reunificador
Mentuhopet II, representado en una pose estática, la cual, sin embargo, no tiene nada de «primitivo». En cualquier caso es un signo de continuidad y un homenaje que el artista quiso rendir al estilo del Imperio Antiguo.

**Fresco
de la tumba de Itis**
(Hacia 2100 a.C.)
En la tumba
de este príncipe
del primer período
intermedio se representa
con vivaz naturalidad el
sacrificio de un buey.

La escultura
Pierde monumentalidad
y «realeza». Prevalecen
las representaciones
de la vida diaria,

como esta estatuilla
que representa a
un campesino llevando
sobre los hombros
un buey.

IMPERIO MEDIO

A pesar de los acontecimientos que determinaron el fin del Imperio Antiguo, la idea de poder centralizado no se abandonó. Los nuevos faraones ya no tendrán el control absoluto del Estado como los monarcas que los habían precedido.

La unidad de Egipto, empezada por Mentuhotep II alrededor del 2050 a.C., se restituyó por los príncipes de la XII dinastía oriundos de Tebas, en el Alto Egipto. Con el Imperio Medio (1990-1785) la ciudad se convirtió nominalmente en la capital del país, aunque los faraones prefirieron residir en diferentes ciudades junto a Al-Faiyum. Por lo que parece, este período no registró aumentos demográficos. Los siete reyes de esta dinastía obraron según tres directrices bien definidas: minar el poder de los príncipes locales para restablecer el estado piramidal; incrementar los medios y las fuerzas a su alcance por medio de grandes bonificaciones y de nuevas minas; volver a poner el Oriente bajo la égida egipcia para poder controlar mejor el tráfico del Mediterráneo oriental.
La dinastía ejerció su poder con éxito.
Bajo Sesostris III

LA REGIÓN DEL DELTA
Es el puente que, después de siglos de aislamiento, permite el contacto de Egipto con otros pueblos extranjeros, pero es también la puerta de las invasiones.

Menfis
Aunque decayó como capital, su posición de contención en el Delta la convierte en un centro económico de primer orden.

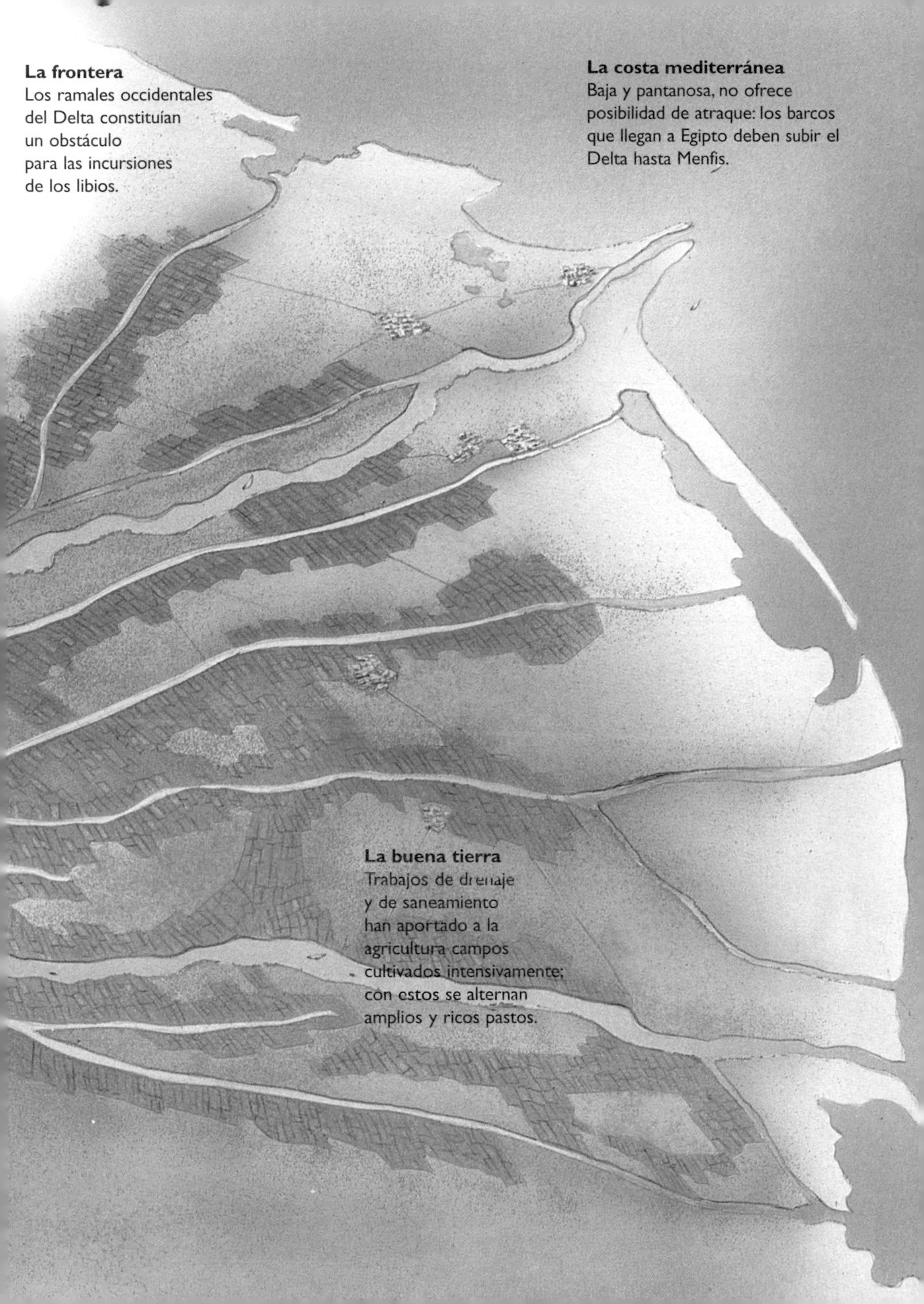

La frontera
Los ramales occidentales
del Delta constituían
un obstáculo
para las incursiones
de los libios.

La costa mediterránea
Baja y pantanosa, no ofrece
posibilidad de atraque: los barcos
que llegan a Egipto deben subir el
Delta hasta Menfis.

La buena tierra
Trabajos de drenaje
y de saneamiento
han aportado a la
agricultura campos
cultivados intensivamente;
con estos se alternan
amplios y ricos pastos.

(1878-42 a.C.) los gobernadores de provincia de nombramiento real ya sustituyeron a los príncipes locales, de tal forma que la administración se restauró; amplias zonas de Al-Faiyum se convirtieron en áreas fértiles y bien cultivadas, mientras que la parte septentrional de Nubia, el país de oro, fue sometida por tropas alistadas.

Al mismo tiempo, se restableció el antiguo predominio egipcio en Oriente, centrado en Biblos, y se garantizó pacíficamente un papel primario en el comercio con Creta. Para proteger las fronteras, los faraones levantaron una serie de fortines en la línea de Suez (Pared del Príncipe) y otros en la frontera nubia. El Imperio Medio fue una edad de equilibrio en la que Amón, la divinidad de Tebas, fue elevado a dios dinástico y al que se destinaron grandes fortunas.

Se desarrolló una cultura refinada, con cierto pesimismo para con la especie humana. A pesar de que los testimonios arquitectónicos han desaparecido ya casi por completo, quedan soberbias obras maestras del arte estatuario que aparece completamente renovado: en las representaciones del faraón ya no se respira la fuerza sosegada del Imperio Antiguo, sino una «gravedad» que parece indicar una diferente concepción del poder. La lección de los acontecimientos del primer período intermedio se había aprendido: al rey ya no le bastaba su esencia divina, necesitaba conocer a sus súbditos y ejercer bien su profesión.

Desde Oriente
Un nómada asiático lleva mercancía a Egipto a lomos de un asno.

Amenemhet III
Sexto faraón de la XII
dinastía, reinó durante
el Imperio Medio,
del 1842 al 1797 a.C.

Sesostris I
Retrato realista
del segundo faraón
de la XII dinastía
que reinó del 1961
al 1928 a.C.

Las relaciones con el exterior

Junto a la abundancia de la producción agrícola (trigo, lino, papiro), se desarrolló en el Imperio Medio una floreciente artesanía que, en las ciudades, consolidó la formación de una clase media. Ahora el Egipto del Imperio Medio, además de los excedentes agrícolas abundaba en productos artesanales que el consumo interno no conseguía agotar, sobre todo cuando se trataba de mercancía fina (piedras preciosas talladas, ungüentos y perfumes, collares de oro, pieles de fieras, ebanistería, etc.).

La salida para todos estos excedentes, tanto agrícolas como artesanales, no podía ser sino el comercio de exportación con otros países, sobre todo con las tierras de Oriente (Khast) y Creta. Los barcos fenicios distribuyeron la refinada producción egipcia por todos los puertos del Mediterráneo y en cambio hicieron llegar a Egipto el estaño español, la madera, la plata; desde Creta, que controlaba todas làs islas del mar Egeo, llegaron el vino, el aceite y los motivos de su arte refinado, que se difundió en todo Egipto. Para avivar los cambios, los egipcios permitieron que bases comer-

El barco redondo
Panzudo y con doble proa curvada, es el barco fenicio que mejor se adapta a las distancias largas, y el que mejor preparado está para cruzar el Mediterráneo.

Los Cretenses
Se reconocen por los barcos bajos, con proa muy alargada y doble vela en el único mástil.

El impuesto
Todas las mercancías que llegan pertenecen al faraón y deben de ser declaradas al escriba del puerto que cobra un impuesto en oro o en especies.

ciales permanentes —fenicias, cretenses y sirias— se crearan en el Delta.

Al-Faiyum

Entre las tareas que los faraones del Imperio Medio se habían propuesto se encontraba también la realización de amplios saneamientos que aumenta-

Los fenicios
Llegan bordeando la costa en barcos con proas en forma de cabeza de caballo.

EL PUERTO
Barcos anclados en un puerto del Delta. Los primeros negocios se realizan directamente en los muelles, donde los marinos que llegan cambian su sueldo (en trigo, vino o aceite) por prendas, fruta y legumbres.

ran la estrecha zona cultivable limitada a la franja del Nilo. Con este fin Sesostris II empezó grandiosas instalaciones que sus sucesores continuaron. El Bahr Yussuf se cerró para permitir la regulación del flujo del gran lago estancado —el Moreotis— en la depresión de Al-Faiyum y, gracias a una red bien estudiada de canales, se ganó a su alrededor una zona agrícola muy extensa que, hoy en día, sigue siendo una de las más fértiles del país.

Enseguida el oasis de Al-Faiyum atrajo a muchos nuevos colonos: surgieron aldeas y grandes granjas, templos dedicados al dios indígena Sobek con cabeza de cocodrilo, más tarde, villas se-

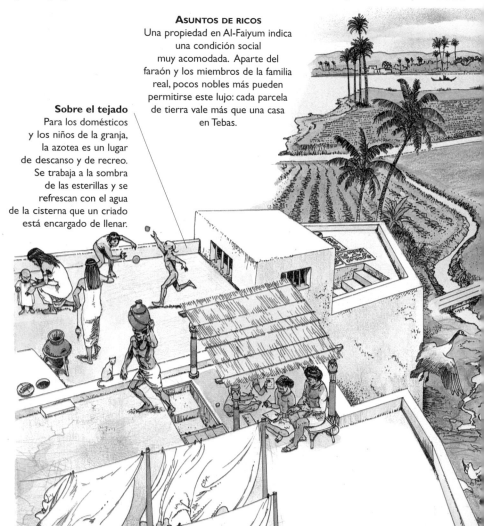

ASUNTOS DE RICOS
Una propiedad en Al-Faiyum indica una condición social muy acomodada. Aparte del faraón y los miembros de la familia real, pocos nobles más pueden permitirse este lujo: cada parcela de tierra vale más que una casa en Tebas.

Sobre el tejado
Para los domésticos y los niños de la granja, la azotea es un lugar de descanso y de recreo. Se trabaja a la sombra de las esterillas y se refrescan con el agua de la cisterna que un criado está encargado de llenar.

ñoriales de las que incluso gozaban los faraones como retiro. No muy lejos construyeron también sus tumbas, una vez más en forma de pirámide (en las que se combinan muy hábilmente el uso de piedra y ladrillo) con el templo anexo: una especie de vuelta a lo antiguo, como para hacer hincapié en la análoga restauración que se comprobó en la política interior después del primer período intermedio.

En la granja

En esta región, que «se puso de moda» en el mismo Imperio Medio, surgieron enormes propiedades agrícolas que eran, a la vez, granjas y villas residenciales. La parte que constituía la granja,

Una gran huerta

La división en campos perfectamente irrigados permite cultivar a gran escala verdura de todo tipo (sobre todo lechuga, cebollas, garbanzos, habas, melones y lentejas); si el valle es el granero de Egipto, Al-Faiyum es su huerta.

EL PAISAJE

Una región plana, pero con colores luminosos: el azul del lago Moreotis, el verde de las palmeras y de las praderas, el marrón rojizo de la tierra recién labrada por el arado, el blanco deslumbrante de las paredes encaladas en las granjas esparcidas.

con varios patios, comprendía los graneros, la bodega subterránea, los establos con mataderos, las oficinas y los talleres de los cerveceros, alfareros y carpinteros. Poseían incluso una huerta, unos recintos para los patos, unos lavaderos, unos hornos y una gran cisterna para el agua. La propia villa, de planta rectangular y casi siempre de un solo piso, disponía de una rica zona de representación (con atrio, vestíbulo, salón, patios interiores) y una serie de habitaciones más pequeñas utilizadas como cuartos (dormitorios, estudio, servicios, tocador, salón de estar). Un gran jardín arbolado, con terrazas, peceras y fuentes, rodeaba toda la parte «pública» de la casa y se integraba con ella. Aquí, más que en su interior, se desarrollaba la vida social. A los egipcios les gustaba hacer gala no tanto de su riqueza, sino de cómo sabían disfrutar de ella. Vivir en una villa significaba «aparentar», puesto que implicaba recibir huéspedes, entretenerlos, ofrecerles banquetes y recreos: exquisitez, elegancia, gusto y equilibrio.

Nubia

Además de Al-Faiyum, las nuevas tierras que atrayeron el interés de los egipcios fueron las de Nubia, denominada Ta-setj, «el país del arco». Un homenaje, sin duda, a la habilidad de los arqueros nubios, aunque para los egipcios del Imperio Medio y de las épocas siguientes Nubia fue sobre todo el país del oro, del marfil y de las esencias. Ellos consideraban los territorios al sur de la primera catarata un país independiente, puesto que su población, ya desde el Imperio Antiguo, había sido em-

QUE EMPIECE LA FIESTA...
A la hora de la puesta del sol, dueños y huéspedes de la villa se trasladan al jardín, alrededor de las fuentes de nenúfares, entre las plantas ornamentales y los frutales.

Juegos de mesa
En una tranquila esquina, algunos huéspedes están sentados alrededor del tablero moviendo los sutiles palitos de marfil del juego del «perro y del chacal». Las apuestas pueden alcanzar cifras muy altas.

El espectáculo
Música y danza para
entretener a los huéspedes.
Cubiertas por velos y frondas,
las bailarinas se mueven
sinuosamente a son de arpa,
cetra y doble flauta.

El banquete
Pasteles de carne, asados
de patos y ternera, pescado
del lago, fruta y verdura
de las huertas, dulces
de dátiles y algarrobas;
cerveza y vino a voluntad.

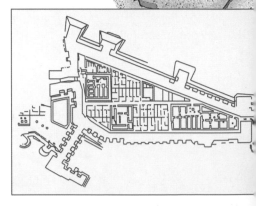

Kerma
El centro de la estación comercial, con el gran edificio del templo principal y la cabaña circular para las audiciones.

Grandiosas y poderosas
Junto a los templos y a las pirámides, las fortalezas constituyen otro capítulo de la arquitectura egipcia.

La planta
La fortaleza de Uronarti surgía en una isla del Nilo.

pujada más allá de la tercera catarata. Allí se juntaron con las poblaciones indígenas y, a partir del 2400 a.C., fundaron un imperio bien organizado. Las expediciones militares egipcias penetraron entonces en la parte septentrional de Nubia, y surgió a lo largo del Nilo, entre Elefantina y la tercera catarata, una serie de dieciocho fortalezas. Tenían como bases de resistencia Uadi Halfa, Uronarti, Mirgissa y Semna (hoy tragadas por el lago Nasser, aunque reconstruidas parcialmente en Jartum).
En esta ocasión se implantó una floreciente estación comercial en Kerma, en la Nubia meridional todavía independiente.

Uadi Halfa

Completamente construido con adobes en la época de Sesostris I, el fortín es de planta rectangular: con muralla almenada exterior, de cuatro metros de espesor y cinco de alto, de la que sobresalen unos bastiones semicirculares; tras la muralla se encuentra una fortificación, de diez metros de alto, con bastiones y de planta cuadrada.

Guerra fronteriza

Resulta que los egipcios no conocieron las máquinas de asedio, y para evitar que un fortín fuese expugnado con escaleras o abriendo brechas en las paredes de adobes, preferían las veloces y violentas salidas.

ORO Y PRESTIGIO

El territorio nubio ofrece pocas oportunidades para la agricultura, pero su conquista trae a Egipto oro, especias, marfil y un aumento del prestigio militar, necesario para reforzar la unidad del país.

EL SEGUNDO PERÍODO INTERMEDIO

La unificación no duró mucho. A esta siguió una nueva crisis, cuyas causas no conocemos. Este segundo período de transición vio una escisión del país, una dominación extranjera y una guerra de liberación.

La riqueza de Egipto no sólo atrajo a su territorio nuevas mercancías y pacíficas delegaciones extranjeras. En 1786 a.C., con el fin de la XII dinastía (y del Imperio Medio) se inició el segundo período intermedio, una fase tormentosa y poco conocida de la historia egipcia, que se prolongó hasta el año 1570 a.C.

En un primer momento Egipto se dividió, nuevamente, entre la XII dinastía reinante en el Sur y su coetánea XIV en el Norte.

Probablemente gracias a un mecanismo de concesiones reales, análogo al que había causado el final del Imperio Antiguo, aparecieron por doquier principados locales y se perdieron los imperios sirio y nubio.

La escisión debilitó a Egipto, que se vio totalmente desbordado para afrontar los peligros que provenían de Oriente. Periódicamente, durante siglos, numerosas poblaciones nómadas se habían ido infiltrando en el Delta a través de la áspera región del Sinaí, en busca de pastos para su ganado, y fueron siempre tolerados con tal de que trabajasen mucho y no pretendiesen demasiado.

NUEVAS GENTES
Pequeñas caravanas de pastores, cada vez más numerosas, llegaron a la frontera oriental de Egipto pretendiendo asentarse en los ricos pastos del Delta.

80

La decadencia del poder central dio a estos nómadas vía libre. La infiltración devino en emigración, y posteriormente se transformó en conquista armada.

La invasión de los hicsos

Todo comenzó en torno al 2000 a.C., cuando en Oriente Próximo se produjeron importantes movimientos de población. Poblaciones originarias de las mesetas septentrionales desarticularon el equilibrio de todo el Oriente, y llevaron a Egipto, siguiendo las vías comerciales, una masa de nómadas cananeos (en parte ya egiptizados), llamados por los egipcios hicsos (*hik-khase*), es decir «soberanos de otro país». En esta ocasión no se trataba de pastores, ni de saquea-

Para los que vienen en paz
Egipto acoge benévolamente a quienes ofrecen su propio trabajo. Pero todos debían estar censados y registrados por los escribas funcionarios.

dores desorganizados, sino de auténticos guerreros que, además, poseían un arma desconocida en el valle del Nilo: carros de guerra tirados por caballos para realizar fulminantes ataques y veloces incursiones. Contra este nuevo modo de guerrear nada pudo la oposición de los ejércitos egipcios, formados tan sólo por soldados a pie. En realidad, más que una invasión por parte de los hicsos fue un avance violento sin grandes enfrentamientos. Alrededor del 1730 a.C. se habían adueñado del Delta oriental, donde fundaron su capital, Avaris, y en el 1674 lo hicieron de todo Egipto, donde exigieron tributos a los príncipes locales.

TRIBUTARIOS
Los hicsos no eliminaron a los soberanos locales vencidos, pero los sometieron imponiéndoles impuestos.

Llegaron los carros
Los carros de guerra se lanzan sobre la infantería egipcia rompiendo su formación. Después, con una rápida maniobra, los hicsos atacan y dispersan a las unidades desbandadas, ya invadidas por el pánico.

La novedad
El único equino conocido en Egipto era el asno, empleado como animal de carga, pero no de tiro. Los egipcios amaron al caballo, que posteriormente utilizaron gloriosamente contra los propios hicsos.

La dominación de los hicsos no se basó tan sólo en la explotación o en la rapiña. Quisieron asentarse en el país en el que habían penetrado y considerarse a todos los efectos gentes del lugar, creando sus propias dinastías (XV y XVI), en oposición a las egipcias (XIII y XIV). Consiguieron, rápidamente, establecer contactos con los reyes nubios, y alentaron alianzas con los señores locales que habían escapado a su control. Los reyes de Tebas se encontraron amordazados, por lo que alrededor del 1650 se rebelaron. A esto le siguió una guerra de liberación, iniciada por Kamose, último faraón de la XVII dinastía, y concluida por Ahmosis, fundador de la XVIII dinastía. Durante el período de la dominación de los hicsos emigraron a Egipto las tribus hebreas de Jacob, que permanecieron allí durante cuatrocientos años.

El Imperio Nuevo

Los siglos de esplendor. Con el Imperio Nuevo, Egipto salió del inmovilismo y fue el protagonista de la política internacional. Por eso tuvo que enfrentarse con los pueblos del Próximo Oriente, política y militarmente más evolucionados.

Tras la guerra de independencia contra los hicsos, se inició el Imperio Nuevo (1570-1085 a.C.), el período de mayor esplendor y florecimiento de Egipto. Su población está calculada entre los cinco y los ocho millones de habitantes. Los faraones llevaron su política imperialista más allá de las fronteras del país, sometiendo a las poblaciones vecinas; realizando alianzas políticas y vínculos dinásticos con los grandes estados que se habían constituido en Asia Menor y en Mesopotamia (los imperios babilonio, asirio e hitita), y estableciendo una amplia red de relaciones comerciales con todos los países del Mediterráneo oriental,

sobre la que, en buena parte, se sustentaba el bienestar de Egipto. La política de conquista se inició con Tutmosis I, tercer faraón de la XVIII dinastía, que se apoderó de una parte de Nubia, hasta la cuarta catarata, encomendando su gobierno a un virrey (figura que aparece por primera vez en la historia egipcia). Después de la muerte de su sucesor, Tutmosis II, se produjo un acontecimiento único e irrepetible en la cúspide del poder egipcio: el ascenso de una faraona, Hatshepsut, que gobernó el

Abu Simbel
Cabeza
de uno de los colosos
de la fachada
del templo rupestre
de Ramsés II.

EL CORAZÓN DEL IMPERIO
Incluso cuando las guerras imperiales se producían en el norte, el curso medio del Nilo continuaba siendo el centro de la vida política y religiosa. Tebas es suplantada por breve tiempo de su papel de capital por Al-Amarna. Abu Simbel es, en cambio, la puerta de Nubia.

Tell al-Amarna
Busto atribuido a la reina Nefertiti, encontrado en la nueva capital fundada por Amenofis IV o Akhenatón.

Tebas
Restos del templo funerario de Ramsés II, conocido como Ramesseum, en Tebas oeste.

 país durante veinte prósperos y pacíficos años en nombre de su hijo Tutmosis III, que, finalmente, accedió al trono en el 1504 a.C. Con él, considerado quizás el faraón más grande de la historia egipcia, la política imperialista llegó a su máximo apogeo, con una actividad impresionante en las fronteras orientales. Después de haber derrotado en una gran batalla en Megiddo a una coalición de ciudades fenicias y palestinas, Tutmosis III realizó en

Asia diecisiete campañas militares, sometiendo las ciudades fenicias y marchando más allá del río Éufrates. Era la primera ocasión en la que el soberano de Egipto se convertía en el árbitro de la política internacional: ante él, y posteriormente ante sus más inmediatos sucesores, Amenofis II, Tutmosis IV y Amenofis III, llegaron embajadas de todo el Oriente Próximo, y el prestigio de la dinastía se incrementó con una hábil política matrimonial con princesas extranjeras. En este período la supremacía egipcia se extendió también sobre Chipre y Creta. Pero todo entró en crisis con la llegada al trono de Amenofis IV que abandonó el hábito guerrero y vistió, como veremos, el sacerdotal.

Tebas: la gran capital

La capital del Egipto imperial fue enton-

Sethi I
Perteneciente
a la XIX dinastía, fue
uno de los grandes
faraones del Imperio
Nuevo. Aquí èstá
representado delante
de la diosa
Isis-Hator que lleva
en el cabeza el disco
lunar.

Tutmosis III
Magnífico faraón
de la XVIII dinastía, fue
uno de los más grandes
conquistadores
de la antigüedad.

Para la faraona
El templo mortuorio
de Hatshepsut
en Deir al-Bahri, surge
sobre una gran llanura
rodeada de rocas.
Tutmosis III,
cuando llegó al trono,
hizo demoler
el monumento de la
madre que le había
alejado tanto tiempo
del poder.

ces Tebas, donde el soberano residía rodeado por un aparato administrativo que seguía el esquema que se ha dado en llamar piramidal. Además de a la clase de los funcionarios, los sacerdotes y los militares, ahora reforzada por las generaciones que habían participado en las campañas bélicas, la ciudad atrajo sobre sí a cuantos supieron aprovechar las ocasiones ofrecidas por un imperio en expansión para ascender en la escala social. La llegada de los más capaces a cargos dirigentes incrementó, respecto a todos los otros períodos, la movilidad social propia del Antiguo Egipto. Dedicándose a la producción y al comercio, favorecidos por el imperialismo del estado, esta clase media hizo opulenta a la ciudad, que llegó a ser el primer centro cultural y artístico de Egipto. La parte principal y más antigua de Tebas se extendía a lo largo de la orilla oriental del Nilo, en torno a los grandes templos de Luxor y de Karnak, dedicados al culto de Amón, dios local que se había convertido en «dios nacional». Este complejo religioso era el «símbolo» del Imperio Nuevo, al igual que las pirámides menfitas lo fueron del Antiguo. En la orilla opuesta (el oeste de Tebas), surgieron diseminados suburbios de obreros y de campesinos libres, y más tarde, en la costa rocosa, los templos funerarios y las necrópolis de los faraones y sus esposas. El curso perezoso del Nilo separaba así el mundo de los vivos del mundo de los muertos.

La corte
La «Casa Grande» era residencia y palacio de representación donde el faraón

LA CIUDAD DE AMÓN
Así es como los egipcios del Imperio Nuevo llamaban a su capital (Niut-Amón), de donde deriva el nombre bíblico de Tebas.

Las calles
Estrechas y abarrotadas, como en cualquier pueblo.

Las casas

No existían barrios ricos
y barrios pobres. Las casas
podían ser de uno o más pisos.
El techo, en forma de terraza;
las ventanas enrejadas
con barrotes de madera son poco
más que tomas de aire y de luz
para así mantener fresco
el interior.

Al mercado

Se intercambiaban productos
que diariamente llegaban
del campo y el pescado
del Nilo. Se compraba
también ganado.

vivía con sus familiares y la corte. Entre sus familiares, además de los tres tipos de reinas (la «madre del rey», la «esposa del rey» y la «gran esposa del rey», madre de los herederos al trono), se consideraban también a las concubinas y a sus numerosos hijos; incluso los amigos íntimos del rey fueron entendidos como parientes del rey, así como los hijos de los soberanos aliados, pedidos por Tebas como rehenes, y algunos funcionarios que se habían hecho imprescindibles en la administración o se habían distinguido durante las campañas militares.

La corte comprendía tanto a los encargados de las personas reales (mayordomos, camareros, peluqueros, perfumistas, manicuras, médicos, etc.), como a los artesanos a su servicio (escultores, ebanistas, orfebres, sastres, etc.). Tampoco faltaban damas nobles, mujeres de altos

Los símbolos
La corona azul y el cayado que el faraón empuña en su mano derecha son símbolos de su poder. En la izquierda lleva la cruz de *ankh*, símbolo de la vida que el rey tiene la facultad de dar y de quitar.

EL CEREMONIAL
Todo acto del faraón era una ceremonia fastuosa; el dios se muestra a su corte.

El homenaje
Los dignatarios
más poderosos
de la corte,
las esposas y
concubinas
de la «Gran Casa»
se inclinaban al paso
del faraón triunfante,
a quien debían todo.

La corte
El faraón solemne,
sobre el palanquín,
acompaña
en el templo las
ofrendas
de comida y
regalos destinados
cotidianamente
a la divinidad.

dignatarios, que formaban una auténtica confraternidad bajo la protección de Hator, la diosa-vaca nodriza del rey. El faraón era una figura intangible y remota, incluso para los cortesanos que se disputaban el más pequeño signo de consideración. El dios-rey mantenía así un despego absoluto respecto de los súbditos y aparecía en público tan sólo durante las grandes ceremonias, codificadas por un rígido ceremonial.

El desarrollo del trabajo artesano.

La condición de los artesanos cambió considerablemente durante el Imperio Nuevo. Formaron una clase social «media» bien integrada en la vida económica del país, aun»

LA FAENZA

Los egipcios no conocían ni el vidrio soplado ni el vidrio colado, sino una pasta de vidrio (llamada faenza) de la cual obtenían hilos o cañas para recubrir un alma de terracota.

Al alcance de todos
Decoraciones de vivos colores, símbolos mágicos y religiosos en pasta de vidrio también eran objetos de su consumo.

Los maestros «de vidrio»
Hacían fundir en grandes crisoles refractarios una mezcla de polvos de silicio y cal unido a sodio, potasio y plomo.

que muchos de ellos (carpinteros, escultores, pintores, ebanistas, etc.), como en épocas precedentes, siguieron trabajando para la corte o para el templo. El cambio también afectó a las técnicas de trabajo de ciertos artesanos, que se desarrollaron y renovaron al contacto con otras civilizaciones y pueblos anexionados por el imperio que dieron a conocer en Egipto nuevos materiales y, por tanto, nuevas técnicas de producción. Es el caso del hierro, traído por los hititas durante las campañas de Tutmosis III y de sus sucesores, o de la pasta de vidrio, proveniente de Fenicia y de Mesopotamia.

El templo

El templo para el culto se encontraba en el corazón de un grupo de edificios, mo-

La cocción
Vasos, amuletos, estatuillas eran recubiertos de pasta de vidrio, decorados con hilos de varios colores y expuestos a una larga cocción en hornos de altas temperaturas.

Un artesanado refinado
Elaboración de vasijas para perfumes. Un artículo de exportación entre los más ricos.

rada del dios y de los faraones. Su estructura era siempre la misma, ya que se consideraba definitivamente fijada por los mismos dioses, hasta en lo que se refería a las dimensiones de las paredes. En el punto más alto y oscuro de todo el templo se encontraba el santuario, el lugar donde el *ka* (el espíritu) de la divinidad se manifestaba, llamada mediante la estatua oculta en el sagrario (o *naos*). En teoría, sólo el rey podía estar en presencia del dios, pero en la práctica nombraba un delegado (el gran sacerdote o «sumo sacerdote del dios»), bajo cuya dirección trabajaban no sólo muchos otros sacerdotes (archiveros, estudiosos de textos antiguos, administradores, superintendentes, etc.), sino también artesanos y campesinos. Después del paréntesis del Imperio Medio, en el que el número de privilegios sacerdotales había menguado, los templos de nuevo poseían grandes propiedades terrenales, a menudo exentas de impuestos por decreto real, que producían trigo, fruta y verdura, y suministraban el alimento del ganado destinado al dios y al personal adjunto al templo. Hacia el 1150 a.C., durante el reinado de Ramsés II, trabajaron en el templo de Karnak más de ochenta mil hombres, que se encargaban de cuatrocientas mil cabezas de ganado. Los grandes sacerdotes de Tebas se hicieron tan poderosos que asumieron también funciones civiles y consiguieron transmitirlas a sus herederos. Esto produjo una tensión constante entre la monarquía y el clero de

KARNAK

La zona sagrada de Tebas donde Amón tenía su templo principal. En su origen (XII dinastía) era un complejo modesto, pero, gracias a las ayudas concedidas por algunos de los faraones del Imperio Nuevo, adquirió dimensiones gigantescas.

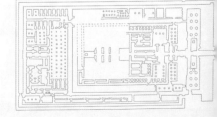

La planta
El templo de Amón fue continuamente ampliado hasta adquirir una estructura muy compleja.

El contenedor
Caminando hacia el *naos*
de un templo egipcio,
el nivel del pavimento
se eleva y la altura
del techo disminuye,
creando una sensación
de intimidad y misterio.

Luxor
Unido al complejo
de Karnak por la vía
procesional
de las esfinges,
contiene también
el templo
de Amenofis III,
de espléndidas
columnas en forma
de flores de loto
cerradas.

El *naos*
El sagrario que
protege y esconde
la estatua del dios.
Está rodeado
por cámaras laterales
donde se conservan
las mercancías
del templo.

La sala anterior
Es a cielo abierto,
con columnas alineadas
a la muralla; se accede
por una puerta externa
a los pilares.

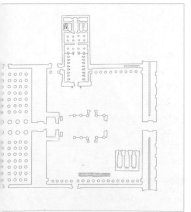

**Los colosos
de Menón**
Estatuas monolíticas
que alcanzan una
altura de quince
metros. Todo lo que

pertenece
al templo fúnebre
de Amenofis III
se hizo construir
en la cara occidental
de Tebas.

Amón, que intentó constituir un Estado-Iglesia prácticamente independiente.

Los rituales

Tan sólo los sacerdotes de rango superior tenían el privilegio de acercarse a la estatua del dios, a la cual ofrecían comida y bebida tres veces al día. El gran sacerdote, o el rey si estaba presente, corría el cerrojo de la puerta del santuario y entraba solo al interior. Lo primero que hacía era quitar el hábito que cubría la estatua y lavarla con agua y natrón. Después aplicaba delicadamente pintura sobre los ojos del dios y volvía a vestir a la estatua con hábitos de lino limpios. Entonces, pronunciaba las fórmulas rituales, evocaba el *ka* y le ofrecía la comida y la bebida de su manjar divino. Cuando la ceremonia había terminado, se cerraban a cal y canto las puertas del santuario hasta la siguiente ofrenda, y el gran sacerdote hacía desaparecer todo rastro de presencia humana, borrando de la arena del suelo sus propias huellas. Con ocasión de las fiestas más importantes, la estatua del dios se exponía en una barca ceremonial de madera dorada y los sacerdotes la portaban a hombros más allá de las murallas del templo, para que también la gente común pudiese rendirle homenaje.

La escuela del templo

En cada complejo religioso existía una escuela o «Casa de la Vida». Era en realidad un archivo del templo donde se copiaban, para poderlos transmitir y estudiar, textos religiosos y didácticos, composiciones narrativas y autobiográficas, tratados científicos, textos de astronomía y de magia.

El gran sacerdote
Viste los ornamentos sacramentales para ejercer su función, que es la de satisfacer las necesidades cotidianas del dios, igual que la del chambelán es servir al rey.

El santuario

Inaccesible para todos, menos para el faraón y los grandes sacerdotes, no es la parte más rica y fastuosa del templo. El *ka* del dios exige intimidad y desprendimiento.

La «Casa de la Vida» podía considerarse entonces una especie de universidad en la que las observaciones hechas en el curso de siglos y las informaciones recogidas por numerosos estudiosos eran elaboradas y utilizadas para nuevas investigaciones. Pero, ¿qué podía aprender en la escuela del templo un estudiante de medicina, un astrónomo principiante o un joven literato que aspirase a abrirse camino con sus escritos? La medicina (como la magia) estaba estrechamente ligada a prácticas religiosas y se basaba en ritos y fórmulas codificadas.

Para los faraones difuntos

En el santuario son conservados los alimentos que, después de la comida del dios, los sacerdotes ofrecían a los faraones muertos, cuyos nombres son inscritos en el muro trasero del templo. Eran llamados uno a uno, menos la reina Hatshepsut, que ofendió a los dioses.

EL DIOS SE MANIFIESTA

En silencio, en lo más oscuro de la parte más recóndita del templo, se invocaba el *ka* del dios tres veces al día, por la mañana, al crepúsculo y por la noche, para que pudiera alimentarse.

Los conocimientos en el campo médico eran, sin embargo, muy avanzados, como demuestra el *Papiro de Ebers*, una colección de casos clínicos en los que la enfermedad es descrita según los síntomas y su desarrollo. Se consideró el centro de la vida al corazón, cuyo latido ya se asoció al pulso. No desconocían la cirugía, dada la práctica de la momificación, que convirtió a los egipcios en expertos en anatomía humana. El cicatrizado de las heridas se realizaba quemando los tejidos con hierros candentes o con sustancias químicas (cauterización), o bien aplicando sobre los puntos un apósito. La anestesia se obtenía con una amapola somnífera, es decir, con el opio.

Por lo que respecta a la lectura, en la escuela se utilizaban los textos «sapienciales», una serie de máximas o enseñanzas transmitidas desde las épocas más antiguas, que sugerían al lector el comportamiento adecuado que seguir en la vida. El más antiguo libro sapiencial, y todavía actual, que se podía encontrar en la biblioteca de todo templo, era el llamado *Enseñanza de Ptahhotpe*, que se remonta al Imperio Antiguo, una especie de «guía práctica» para obtener el éxito con la buena instrucción, el respeto a las jerarquías y la moderación. Otros célebres ejemplos de literatura de consulta y meditación son los ya citados *Canto del Arpista*, la *Sátira de los oficios* y la celebérrima *Historia de Sinhué*. Junto a esta producción, por así llamarla «erudita», aparecía en el propio Imperio Nuevo, una lectura que hoy llamaríamos «de evasión»: historias humorísticas y grotescas, crónicas de guerra,

LA FACULTAD DE MEDICINA
En la escuela de medicina
del templo enseñaban profesores
altamente cualificados, famosos
y apreciados en el mundo entero.

que no podían faltar en un imperio lanzado a la conquista, y lírica amorosa, que encontró terreno fértil en una época de abundancia y de estabilidad social.

Los menos afortunados en la escuela del templo eran los estudiantes que querían dedicarse al estudio de la astronomía, ya que en este campo los egipcios no consiguieron igualarse a sus vecinos sumerios y babilonios, con los cuales, sin embargo, debieron intercambiar conocimientos e información durante el Imperio Nuevo. La mayor contribución de los egipcios en esta materia es la división del día y la noche en doce partes iguales y el calendario solar de 365 días. La observación de las estrellas les llevó a distinguir entre las aparentemente móviles de la franja ecuatorial (que llamaron «incansables») y las fijas circumpolares (que llamaron «imperecederas»). Con ambas construyeron figuras en forma humana o de animal (una especie de zodíaco) ligadas a la mitología o a la religión.

Esto y mucho más se podía aprender en la «Casa de la Vida», pero la formación teórica, como sucede hoy, por sí sola no basta. Los aspirantes a médicos ponían en prácticas sus conocimientos acompañando a los ejércitos imperiales; los literatos buscaban a un rico mecenas a quien adular y divertir con sus composiciones; mientras la mayor parte de los científicos astrónomos se perdía en un laberinto teórico.

Pero por muy mala que fuese la situación, siempre quedaba la posibilidad de establecerse como escriba o como sacerdote del templo o del santuario, cuyo poder se medía por el número de sus empleados.

«Horizonte de Atón»
La plana muestra el proyecto originario de la ciudad de Akhetatón. Hoy tan sólo quedan los contornos desnudos de las murallas.

Akhenatón
Estos contornos alisados que dan al rostro una expresión serena y soñadora pertenecían a Akhenatón.

La crisis religiosa

Egipto estaba en su pleno esplendor cuando toda su estructura administrativa sufrió una conmoción por una imprevista crisis religiosa, promovida por el faraón Amenofis IV, unida a un total desinterés por el imperio oriental. Gracias a los altísimos cargos atribuidos a sus grandes sacerdotes y a los ricos dones que los soberanos les habían otorgado, el santuario tebano de Amón adquirió, durante la segunda parte de la XVIII dinastía (1425-1320 a.C.), un peso y una autonomía excesivos, hasta tal punto que llegó a rivalizar con el Estado. Era una situación peligrosa, a la que trató de poner remedio Amenofis IV, quien gobernó desde el 1379 al 1362. Privó al sumo sacerdote de Amón de todas sus posesiones y emprendió una reforma religiosa que sacudió toda la estructura administrativa. Amenofis sustituyó el culto de Amón por el de Atón, una divinidad ya existente pero poco conocida, representada por el disco solar concebido como fuerza de la naturaleza benéfica y universal. El rey cambió también su propio nombre de Amenofis («Amón es benévolo») por Akhenatón («el que está al servicio de Atón»), y abandonó Tebas para fundar una nueva capital,

Akhetatón («Horizonte de Atón»), junto a lo que hoy es Tell al-Amarna (370 km al norte de Tebas). Pero una reforma religiosa de tal magnitud no se adecuaba a los sentimientos de un pueblo tan tradicional; hubo tales oposiciones a su implantación que después de un decenio, Amenofis, apoyado por su mujer Nefertiti, se vio obligado a retornar a Tebas y restaurar el culto de Amón. Devuelta la normalidad, Ramsés II disputó a los hititas el control de la región sirio-palestina, y estableció entre las dos potencias un largo período de paz. Las ingentes riquezas traídas como botín de las guerras victoriosas y de los regulares tributos de las provincias se reflejaron en la riqueza de los monumentos fúnebres y en la grandiosidad sin precedentes de los templos que surgieron por todo el país, especialmente en la magnífica capital, Tebas. En 1165 Ramsés III, de la xx dinastía, salvó al país de un nuevo peligro exterior derrotando a los pueblos del mar. Sin embargo, bajo sus sucesores se iniciaron disturbios internos que provocaron la pérdida de Palestina y de Nubia.

Para Atón
La familia real
de Tell al-Amarna se
ofrece a Atón, que la
inviste y la santifica
con sus rayos solares.

Nefertiti
Esta realista figura femenina,
envuelta n un sutil vestido
plegado, está considerada
comun representación
de Nefertiti

El valle de los Reyes

El sucesor de Amenofis, su yerno Tutankhamon, restauró el culto de Amón y, aunque su reinado fue muy breve, recuperó el papel de tutor de Egipto ante la amenaza externa: sus generales reconquistaron posiciones en el Levante y en Nubia.

Pero su fama está ligada a la famosa tumba descubierta en el valle de los Reyes, en la llanura entre el Nilo y el desierto libio. Quien inauguró este nuevo tipo de tumbas excava-

El sueño de todo arqueólogo

El 27 de noviembre de 1922 el arqueólogo inglés Howard Carter penetró en una tumba intacta de la XVIII dinastía. Para despejar la antecámara y una sala lateral fueron necesarios tres meses.

Posteriormente se abrió la cámara sepulcral. Contenía cinco arquibancos, cada uno dentro de los otros. En el último había tres sarcófagos, incrustados, en el más interno de los cuales yacía el cuerpo del faraón Tutankhamon, tal como fue dejado treinta siglos antes.

La máscara
De oro, con estrías de pasta de vidrio azul, cubría el rostro y los hombros de Tutankhamon.

das en la roca, que se repetirán durante todo el Imperio Nuevo, fue Tutmosis I. Alejado y destacado dentro de la meseta, el desolado valle de los Reyes, está dominado por una montaña en forma de pirámide llamada «la Cima», que custodia algunos de los monumentos más famosos del valle del Nilo (el templo de la reina Hatshepsut; el «Ramsseum» de

El tesoro
En la tumba de Tutankhamon se encontraron arquibancos preciosos, un trono de oro, vasos de alabastro, cabezas de animales de oro y objetos de todo género, incluso un carro desmontado.

Vasos canopes
Los cuatros vasos, obligatorios en toda sepultura, con las vísceras del faraón.

DEIR AL-MEDINA

Fundado hacia la mitad del siglo XVI a.C., durante el reinado del Amenofis III, el pueblo tenía una longitud de 132 m y 49 m de ancho. Contenía setenta casas de diferentes dimensiones.

Ramsés II, los Colosos de Menón, que representan a Amenofis III en el trono). Las ricas sepulturas de los soberanos, los nobles y los dignatarios mayores se erigen en los lugares menos accesibles del valle. Para sus consortes y para los hijos no coronados está destinado, más al Sudoeste, el desolado Valle de las Reinas.

El suburbio obrero

Los obreros y los artistas que trabajaban en las tumbas del Valle de los Reyes vivían con sus familias en el pueblo de Deir al-Medina, situado en un valle lateral a los pies de la montaña. Como el secreto de las sepulturas debía permanecer intacto, la comunidad estaba bien vigilada, abastecida de toda necesidad, pero prácticamente secuestrada.

El pueblo, que estaba rodeado por una muralla de ladrillos y fango con una única puerta de acceso, albergaba a más de mil habitantes, de los cuales sólo una parte trabajaba en la necrópolis. Junto a los albañiles, excavadores, arquitectos, escultores y pintores se encontraban los escribas encargados de la organización del trabajo y los responsables de los almacenes repletos de materiales (pigmentos colorantes, útiles de cobre, maderas para los andamios, etc.), los destinados a los servicios comunes como el transporte de agua y los pastores del ganado, y las mujeres que cultivaban el trigo para el pan y la cebada para la cerveza. Todos los demás bienes de consumo, entre ellos especialmente la sal, llegaban del exterior y constituían la paga de los trabajadores. Conocedores de su importancia en cuanto constructores de las moradas eternas, los obreros de Deir al-Medina supieron hacer valer sus derechos y en situaciones extremas llegaron incluso

Las casas
Estaban construidas con ladrillos crudos revocados, con el pavimento en tierra compacta y el techo en forma de terraza. Eran adosadas y unifamiliares.

Dos calles
La excavación muestra una única calle que atraviesa el pueblo a lo largo, cortada por otra transversal en dirección Oeste.

Del modelo al grafito

Algunos de los operarios
han dividido la pared en cuadros
para agrandar, según el canon
de las proporciones, los contornos
del modelo esbozado en origen
sobre una tablilla o una hoja
de papiro por el «escriba-pintor».

a la huelga. Antes de ser abandonado alrededor del 1080 a.C. y olvidado bajo las arenas, Deir al-Medina permaneció activo durante casi quinientos años.

La decoración de las tumbas reales

En las tumbas del valle de los Reyes los obreros trabajaban en cadena: mientras una cuadrilla excavaba, otra extendía el estuco sobre las paredes en las que posteriormente agrandaban el modelo esbozado por el artista en una hoja de papiro. La pintura, que en la época más antigua se consideraba complemento de la escultura y del relieve, adquiere autonomía en el Imperio Nuevo. Los temas de argumento religioso eran prácticamente obligatorios, y aparecían unidos a tradiciones figurativas con siglos de antigüedad. Mayor libertad se concedía a las representaciones de la vida cotidiana, más realistas y vivas, en las que los artistas experimentaban nuevas soluciones, como la visión en tres cuartos. Se otorgó mucha importancia a los detalles, que son para nosotros fuente precisa de conocimiento.

Sin las pinturas de las tumbas sacadas a la luz, poco o nada sabríamos de los hábitos, los peinados, los útiles, las comidas, las actividades y el ocio de este pueblo y de su refinada civilización.

El encuentro con los hititas

Bajo la XIX dinastía la potencia egipcia se enfrentó contra los hititas, un pueblo indoeuropeo asentado en Anatolia hasta finales del siglo XVII a.C. que poseía armas de hierro. Ya desde los tiempos de Amenofis IV los hititas habían realizado campañas en Oriente, hasta el Líbano, sacando partido de la momentánea con-

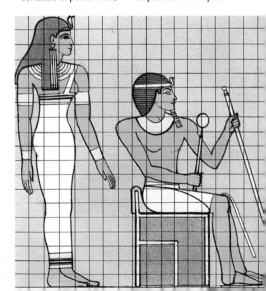

Los colores
La pintura a la témpera utilizaba tintes de base obtenidos con el negro del carbón, el blanco de la caliza, el azul del lapislázuli, el verde de la malaquita y el rojo y el amarillo del ocre.

Los cánones de las proporciones
La figura humana era encuadrada en una parrilla de dieciocho cuadrados de altura que, pegada de pies a cabeza, contenía al sujeto a reproducir: dos para la cara y el cuello, la línea del sexto señalaba el punto vital, el antebrazo ocupaba tres y ocho que estaban reservados a las piernas. Se dedicaba un cuadrado a la palma de la mano y al talón. El brazo ocupaba cinco espacios verticales, la espalda seis horizontales, tres las plantas de los pies.

Un encuentro dispar

El ejército egipcio, de cerca de 20 000 hombres pero con sólo cincuenta carros de guerra, estaba repartido en cuatro divisiones (Amún, Re, Paath y Seth), mientras que el hitita, bajo las órdenes del rey Mjwatallis II, disponía de 16 000 hombres y 2 500 carros. Los egipcios vencieron seguramente por casualidad, pero el evento fue celebrado como una victoria triunfal.

Armas de bronce

Al contrario que los hititas, los egipcios no conocían los procesos de elaboración del hierro. La daga y la cimitarra corta egipcias son de bronce con empuñaduras damasquinadas.

Ramsés II

Sobre su carro de guerra tirado por caballos enganchados, Ramsés II guía el ataque de la división Amón.

Lleva en la cabeza la corona para el combate, pero en señal de desprecio al enemigo no viste ninguna armadura ligera.

moción en Egipto provocada por la reforma religiosa. Fue Sethi I (1307-1290 a.C.) quien se enfrentó a ellos, y posteriormente Ramsés II (1290-1224 a.C.) quien los venció en Kadesh, en el Oronte, en el 1285 y en el 1279 a.C. Siguió el establecimiento de una paz perpetua entre Ramsés II y Hattusili III de los hititas, quien cede como esposa del faraón a su propia hija.

Los pueblos del mar

Pero para ambos imperios se proyectó una nueva y terrible amenaza: la llegada de los llamados «pueblos del mar». Se trataba de una confederación de tribus cuyos nombres indican un origen mediterráneo (sardos, sicilianos, licios, daneos, tirrenos, etruscos, filisteos, palestinos), guiados seguramente por aqueos. Los pueblos del mar, que se trasladaban en busca de territorios estables, llevando consigo mujeres, hijos, bienes y dioses, pues tan seguros estaban de su victoria, provocaron en el 1200 a.C. la ruina del imperio hitita, dirigiéndose a continuación a las tierras del Delta. Los rechazó definitivamente Ramsés III (1194-1163 a.C.), de la XX dinastía, el último gran soberano de Egipto.

Armas y ejércitos

Los ejércitos que habían derrotado a los hititas y rechazado a los pueblos del mar estaban formados por soldados profesionales que trasmitían el oficio de padres a hijos. Periódicamente el «escriba de levas» reclutaba nuevos miembros que eran

Ramsés III
La gran batalla marina conducida por Ramsés III contra los pueblos del mar, en el gran relieve del templo funerario del faraón en Medinet Habu (oeste de Tebas).

entrenados en cuarteles por instructores muy exigentes. Eran ejércitos «nacionales» tan organizados burocráticamente como la administración estatal. El jefe supremo de todas las tropas era el faraón, a quien seguía jerárquicamente un «gran rector de los soldados», varios generales, capitanes de campaña y los alfereces-comandantes de pelotón; estos últimos llevaban los estandartes de batalla que ha-

cían referencias a los emblemas totémicos de las antiguas provincias. Los hombres estaban organizados en divisiones que comprendían la infantería —armada con daga y lanza, protegida por un escudo de piel seca, casco de cuero y coraza de lino— y las cuádrigas, que se movían rapidísimamente en ligeros carros de guerra de madera con algunos elementos de cuero o metal, con ruedas radiales, tirados por dos caballos (lección aprendida de los hicsos). A continuación estaban los arqueros y varios cuerpos especiales de asalto con hachas, escudos y bumeranes. Para el rey estaba reservada la cimitarra corta, la coraza de escamas metálicas y el casco de metal conocido como «Corona azul». El ejército efectivo estaba completado por los imprescindibles escribas, que eran asignados como furrieles encargados de la administración y del suministro, y por los trompeteros que transmitían las órdenes y los correos. Además del sueldo, las tropas podían contar con la división del botín y sus ricas recompensas: las condecoraciones al valor consistían de hecho en pesados colgantes y brazaletes de oro, pero las más ambicionadas eran las «moscas», joyas de tanto prestigio que superaban con mucho el valor del oro. A veces los prisioneros enemigos (hombres y mujeres) eran entregados como esclavos a quien les había capturado, pero en general eran integrados y se les consideraba súbditos del faraón a todos los efectos. Las batallas se resolvían normalmente en grandes enfrentamientos donde, más que la habilidad y el adiestramiento personal, contaba la disciplina y la oportunidad de los desplazamientos decididos por los oficiales.

BATALLA DE KADESH
1285 a.C.

Primera fase
Los carros hititas atacan el flanco y arrollan a la división Re. Los supervivientes seguidos por los enemigos intentan alcanzar el campo de Ramsés y la división de Amun(1). Las divisiones Path y Seth están todavía demasiado lejos (2).

Segunda fase
Los egipcios se reorganizan: rechazan y dispersan al enemigo, encerrados en una tenaza por la llegada de la división Path (3). La infantería hitita y la división Seth no tomaron parte en la batalla.

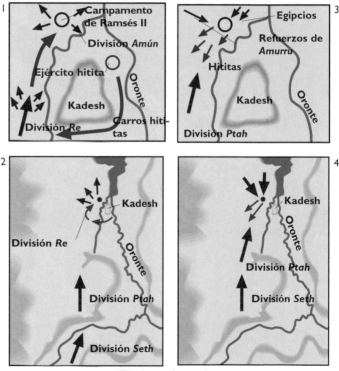

Tácticas y formaciones
La primera batalla de la historia de la que se conocen tácticas y formaciones es esta batalla de Kadesh.

Abu Simbel

Las operaciones militares en Siria y Palestina no distrajeron la atención de los faraones del imperio del Sur, especialmente de Nubia, que en el Imperio Medio estaba bajo el control directo de Egipto. Además de ser un elemento amortiguador a lo largo de la frontera meridional, esta región era fuente importante de oro, minerales y maderas, aportaba excelentes combatientes al ejército egipcio, y hacía de intermediaria con las exóticas tierras africanas de donde provenían el marfil, los animales salvajes, las pieles y las esencias.

Abu Simbel era la puerta de la Baja Nubia, que se extendía hasta el sistema de fortalezas junto a la segunda catarata. La ciudad, además de tener un papel estratégico importante, surgía cerca de una de las pocas zonas rocosas de Egipto, y desde los tiempos de las pirámides fue el centro que controlaba las excavaciones de piedra y las canteras en las que los canteros y los picapedreros reducían los bloques antes de embarcarlos en las barcazas que descendían el Nilo. Su puerto permaneció activo durante el Imperio Medio para acoger a los ejércitos enviados a la conquista del sur y los suministros a ellos destinados. Las excavaciones y el puerto también siguieron activos durante el Imperio Nuevo, cuando, bajo Ramsés II, se comenzaron las obras para los grandes templos rupestres. Como había ocurrido en el pasado, también en Abu Simbel el arte demostró ser un instrumento político. Su tarea era describir el ilimitado poder del faraón: tanto el escriba como el campesino debían comprenderlo al primer vistazo.

Los colosos
Las cuatro esculturas monumentales del santuario representan las grandes divinidades de los tres principales centros de Egipto: Ptah de Menfis, Amón de Tebas y Ra de Heliópolis, junto con el propio Ramsés II (el tercero por la izquierda) autodeificado en vida.

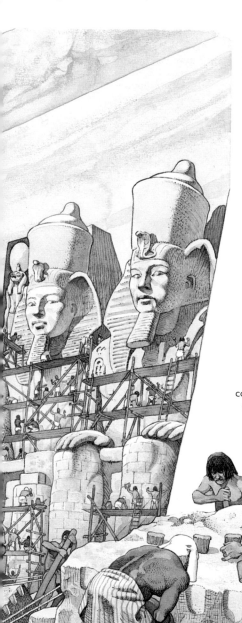

El templo menor

Un templo más pequeño estaba dedicado a Hator, diosa del amor, de la música y de la danza, y a la reina Nefertari, mujer de Ramsés II. La fachada alterna cuatro estatuas del rey y dos de la reina.

Alta ingeniería

En 1970 una presa obstruyó el Nilo a la altura de Asuán, dando origen al lago Nasser. Para evitar que el agua sumergiera los templos de Abu Simbel fueron desmontados y remontados 210 m más lejos y 654 más altos respecto a su emplazamiento original. La operación requirió diez años (1863-72).

LA MONTAÑA ESCULPIDA

Los talladores de piedra y los canteros hacen emerger de la roca las figuras de cuatro colosos que en el templo rupestre de Abu Simbel tienen la función de pilares.

LA DECADENCIA DE EGIPTO

Con la edad del hierro, introducida en Egipto en el encuentro con los hititas, el poder egipcio se quebró, y el país cayó bajo la autoridad de pueblos extranjeros. Los nuevos gobernantes continuaron la tradición de los faraones.

Bajo los sucesores de Ramsés III las posesiones asiáticas se perdieron, la miseria y el desorden azotaron el país y la autoridad regia se debilitó hasta tal punto que el gran sacerdote de Tebas usurpó el poder del faraón. Es el Tercer Período Intermedio (1085-322 a.C.) durante el cual el país fue gobernado por dinastías de origen extranjero, una libia y otra nubia. En el 671 a.C. Egipto fue invadido y conquistado por los asirios, que a la caída de los hititas se habían apoderado de todo el Oriente Próximo. La independencia fue reivindicada una última vez, pero por poco más de un siglo (672-525 a.C.), por la XXXVI dinastía, fundada por Psammetico I, que estableció la capital en Sais del Delta (Imperio Saítico). Se desarrollaron entonces fructíferas relaciones comerciales con los griegos y el bienestar volvió al país.

Los grandes imperios de la antigüedad en el Mediterráneo

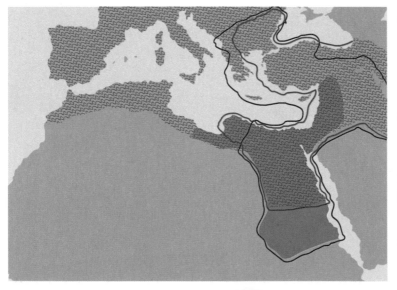

Máxima expansión del Imperio Persa. Tracia, Grecia y máxima expansión del imperio de Alejandro Magno.

Máxima expansión del Imperio Persa

Imperio Egipcio.

Máxima expansión del Imperio Romano.

Alejandro Magno
El más grande
conquistador de toda
la antigüedad
arrebató Egipto
y todo el Imperio
Persa al gran rey
Darío III.

Los mismos ritos
Pese a todo, en época
romana los egipcios
continuaron con sus ritos
fúnebres. Al lado, un
cartón de momia,
envoltorio enyesado
y decorado que recubre
el cuerpo del difunto.

Los mismos dioses
Las dominaciones
extranjeras no
expulsaron de Egipto
a los antiguos dioses.
En esta estela
de la época saítica
Osiris acoge
a un difunto.

Pero la recuperada prosperidad no se correspondió con una adecuada fuerza militar. Así, en el 525 a.C., Egipto fue fácil presa de los persas, que lo hicieron una provincia de su imperio, hasta que Alejandro Magno en su expedición contra Persia conquistó también Egipto (322 a.C.), haciéndose coronar como faraón.

El Egipto helenístico

Entre las muchas ciudades que Alejandro Magno bautizó durante sus conquistas con su propio nombre, hubo una Alejandría en Egipto, fundada en el extremo occidental del Delta.
Después de la muerte de Alejandro, el enorme imperio que él conquistó fue re-

partido entre sus generales, y en el 304 Egipto pasó a Ptolomeo, fundador de una nueva dinastía conocida como la de los Ptolomeos, ya que todos sus sucesores hicieron suyo este nombre.

Bajo los Ptolomeos, Alejandría, la capital dinástica, se convierte en el mayor centro cultural y comercial de la antigüedad tardía, heredera de la cultura clásica griega. Ptolomeo II, rey desde el 282 al 246 a.C., fundó el Museo (el espacio de las musas), similar a una universidad de nuestros días, dotado de una enorme biblioteca que cubría todos los campos del saber. El patrimonio cultural de más de tres siglos (desde el III a.C. al I a.C.) fue llamado, por el nombre de la ciudad, alejandrino o helenístico (de la Hélade, es decir, Grecia). Los Ptolomeos reinaron prósperamente en Egipto hasta el año 47 a.C., cuando Julio César lo convirtió en protectorado romano, sentando en su trono a Cleopatra, hermana del último Ptolomeo (el XIV). Del 30 a.C. al 395 d.C. Egipto fue provincia romana, pero cuan-

Ptolomeo II
Camafeo con los retratos de Ptolomeo II, llamado Filadelfo («amante de los hermanos») y de su mujer Arsione.

El Nilo
Así es como el arte helenístico ha personificado al Nilo: un viejo enorme que tiene en sus manos espigas de trigo, rodeado por generaciones de hijos.

LA BIBLIOTECA DE ALEJANDRÍA
Para estudiar sus setecientos mil volúmenes llegaban de toda el área mediterránea los más grandes genios del momento.

El *Grand tour*
Los monumentos islámicos de El Cairo vistos con los ojos de un artista europeo del siglo XIX, cuando Egipto era una de las metas del viaje de aprendizaje de los intelectuales.

Según los romanos
El Nilo y su llanura en un mosaico romano del templo de la fortuna en Palestrina.

La fuga a Egipto
El episodio narrado por los Evangelios en un fresco de Giotto en Asís. Los evangelios apócrifos (no reconocidos oficialmente por la Iglesia) aportan muchas noticias sobre la cristianización de Egipto.

Temas nuevos
Desde el siglo I d.C. Egipto produce obras de arte cuyos temas son acontecimientos de la reciente tradición cristiana. Tejido del siglo VII que representa un santo a caballo (quizás san Jorge) entre seres fantásticos.

do Teodosio dividió el imperio en dos partes, la de Occidente y la de Oriente, el rico país del Nilo entró en la órbita de Bizancio (Constantinopla).

El Egipto cristiano e islámico

La predicación cristiana en Egipto se inició con el apóstol Marcos, quien fundó en Alejandría la primera iglesia. Desde entonces la religión «nueva» se estableció con fuerza gracias a los ejemplos de santos como Antonio, el gran eremita o monje («aquel que vive solo»), muerto en el 225. El monacato nació realmente en Egipto y se organizó posteriormente en comunidades llamadas cenobios. Pero pronto surgieron diferencias de carácter doctrinal entre los cristianos de Egipto, denominados coptos (del griego *Aigyptios* «egipcio»), y la iglesia oficial ligada a Bizancio. La ruptura tendrá lugar en el Concilio de Nicea en el 325, en el que intentó definirse de una vez la naturaleza de Cristo: los bizantinos afirmaron como dogma que el Hijo era idéntico al Padre, mientras los coptos vieron en Jesús una criatura del Padre. La doctrina abrazada por los coptos permaneció sólida en todo el país, sobre todo en la zona de Nubia, y no fue barrida del todo ni siquiera con la entrada de Egipto en el área del Islam, cuando los árabes lo conquistaron en el 640.

Con los árabes comenzó una nueva fase histórica, la del Egipto moderno. Después de un breve paréntesis, el país se puso en pie una vez más, asumiendo el papel de guía del mundo árabe. El Cairo, fundada en el 969, allí donde en un tiempo muy lejano se erigía Menfis, se convierte en su faro.

Índice analítico

Créditos

Las ilustraciones de este volumen, inéditas y originales, han sido realizadas bajo las indicaciones y la supervisión de DoGi s.p.a., que se reserva todos los derechos.

ILUSTRACIONES:
Bartolozzi: 13, 14-15, 32-33, 68-69, 84-85, Gaudenzi: 15c, 112-113; Ranchetti: 7a, 11c, 20a, 21b, 35, 45a, 78b, 94-95b111, 114b; Saraceni: 4-5, 6a, 10a, 44b, 51, 52-53, 60-61, 110a, 115a; Sergio: 6-7, 8-9, 18-19, 20-21, 22-23, 24-25, 26-27, 28-29, 42, 43, 48-49, 58-59, 72-73, 74-75, 76-77, 78, 79, 80-81, 82-83, 88-89, 90-91, 92-93, 96-97, 98-99, 100a, 102-103, 104a, 104-105, 106, 107, 108-109, 117;

Studio Inklink 34b, 54-55.
REPRODUCCIONES Y DOCUMENTOS:
DoGi s.p.a. ha realizado todos los esfuerzos para reconocer los eventuales derechos de terceros. Por las posibles omisiones o errores, se excusa anticipadamente y estará dispuesta a introducir las correcciones oportunas en posteriores ediciones de esta obra.
Alinari/Giradon: 113s; Archivio DoGi: 4, 13a, 47bd, 62a, 66s, 70, 84b, 85a, 110, 116a, 118a, 118b, 119b; Archivio DoGi/Mario Quattrone: 119a; Archivio DoGi/Sandro Scalia: 30bd; Ashmolean Museum: 10b; Agenzia

Contrasto: 14, 58-59; Agenzia Contrasto/E. Lessing: 100; Agenzia Contrasto/Magnum Photo/E. Lessing: 40, 41c, 47c, 53d, 64, 66-67, 67d, 87c, 92, 95b, 101s, 101d, 102; British Museum: 7, 54b; Musei Vaticani: 116b; Siliotti: 9, 10a, 11, 12, 13c, 13b 16-17, 30a, 30bs, 31, 34, 36a, 36b, 37, 38-39, 39a, 41b, 42-43, 44, 45, 46, 47b, 50, 53s, 59, 62b, 63, 65, 71a, 71d, 85b, 86, 87d, 90, 95a, 103a, 103b, 105, 109, 115c, 115a.
PORTADA: Studio Inklink
CONTRAPORTADA: Sergio
ABREVIATURAS: a, alto; b, bajo; c, centro; d, derecha; i, izquierda.